परमेश्वरको शक्ति

संसार शुरू भएदेखि यसो जन्मैको अन्धाका आँखा कसैले पनि खोलिदिएको कुरा कहिल्यै सुनिएन। यदि यी मानिस परमेश्वरबाट नआउनुभएको भए उहाँले केही गर्न सक्नुहुनेथिएन।

(यूहन्ना ९:३२-३३)

परमेश्वरको शक्ति

डा. जेरक ली

URIM BOOKS

परमेश्वरको शक्ति डा. जेरक ली
ऊरीम बुक्सद्वारा प्रकाशित (प्रतिनिधिः सियोङ किअन बिन)
३२३५-३, गुरो-डोङ्ग ३, गुरो-गु, सियोल, कोरिया
www.urimbooks.com

आई एस बि एन : 979-11-263-1026-5 03230

२००४ मा ऊरीम बुक्सद्वारा कोरियन भाषामा प्रकाशित

पहिलो संस्करण सेप्टेम्बर २००५
दोस्रो संस्करण अगष्ट २००९

डा. ग्यूमसुन भिनद्वारा सम्पादित
डिजाइनः सम्पादकीय विभाग, ऊरीम बुक्स
मुद्रणः येवोन प्रिन्टिङ कम्पनी
अधिक जानकारीको लागि : urimbook@hotmail.com मा सम्पर्क गर्नुहोस्

प्रस्तावना

सृष्टिकर्ता परमेश्वरको शक्ति र येशू ख्रीष्टको सुसमाचारद्वारा, सबै मानिसहरूले पवित्र आत्माको ज्वालामय कार्यलाई अनुभव गर्न सक्नु भएको होस् भनी प्रार्थना गर्दै........

म सम्पूर्ण धन्यवाद पिता परमेश्वरलाई दिँदछु, जसले हामीलाई सन् २००३ मे महिनामा "शक्ति" शीर्षक अन्तर्गत आयोजित एघारौं दुई-हप्ते विशेष जागृति सभाका सन्देशहरूलाई पुस्तकको रूपमा प्रकाशित गर्ने आशिष् दिनुभएको छ। त्यो सभामा धेरै गवाहीहरूद्वारा परमेश्वरलाई ठूलो महिमा भएको थियो।

सन् १९९३ मा, स्थापनाको दशौं वार्षिकोत्सवको लगत्तै पछि, परमेश्वरले मानमिन केन्द्रीय चर्चका सदस्यहरूलाई साँचो विश्वास धारण गर्न र आत्मिक मानिसहरू बन्नका लागि वर्षैपिच्छे दुई-हप्ते विशेष जागृति सभामार्फत् प्रशिक्षण दिन थाल्नुभयो।

मानमिनका सदस्यहरूले साँचो सुसमाचारको महत्वलाई बुझ्न सक्नु भएको होस्, प्रेममा रहेर व्यवस्थालाई पूरा गर्नु भएको होस् र उदेकको शक्ति प्रकट गर्नुहुने हाम्रो प्रभुसित समरूप हुन सक्नु भएको होस् भन्ने हेतुले सन् १९९९ मा "परमेश्वर प्रेम हुनुहुन्छ" भन्ने शीर्षकमा आयोजित जागृति सभाद्वारा उहाँले हामीमाझ आशिष्का पर

ाक्षाहरू आउने अनुमति दिनुभयो ।

संसारभरिका सबै मानिसहरूले सृष्टिकर्ता परमेश्वरको शक्ति, येशू ख्रीष्टको सुसमाचार, र पवित्र आत्माका ज्वालामय कार्यहरू अनुभव गर्न सक्नुभएको होस् भनी परमेश्वरले हामीलाई सन् २००० मा एक नयाँ सहस्राब्दीको सुरुतिर मुगुङ्ग्ह्वा भूउपग्रह र इन्टरनेट मार्फत् जागृति सभाहरू प्रत्यक्ष प्रसारण गर्ने आशिष् दिनुभयो । सन् २००३ मा, कोरियाभित्रका करिब ३०० चर्चहरू र अन्य पन्ध्र देशहरूका दर्शकहरू जागृति सभामा सहभागी हुनुभएको थियो ।

परमेश्वरको शक्ति ले परमेश्वरलाई भेट्ने र उहाँको शक्ति प्राप्त गर्ने प्रक्रिया, शक्तिका विभिन्न तहहरू, मानव जातिलाई अनुमति दिइएको क्षम्यताको सीमालाई माथ गर्ने सृष्टिको उच्चतम शक्ति र उहाँका शक्ति प्रकट हुने स्थानहरूलाई परिचित गराउन प्रयास गरेको छ ।

परमेश्वर जो ज्योति हुनुहुन्छ, उहाँसित समरूप हुने मानिसले सृष्टिकर्ता परमेश्वर को शक्ति प्राप्त गर्दछ । थपअझ, जब हामी परमेश्वरसँग आत्मामा एक हुन्छौं, तब हामी येशूले प्रकट गर्नुभएको जस्तो शक्ति प्रकट गर्न सक्छौं । किनभने यूहन्ना १५:७ मा हाम्रो प्रभुले हामीलाई यसो भनी भन्नुभएको छ,"तिमीहरू ममा रहचौ भने, र मेरा कुरा तिमीहरूमा रहे भने, तिमीहरूलाई जे इच्छा लाग्छ माग, र त्यो तिमीहरूका निम्ति गरिनेछ ।"

सात वर्षसम्म रोग अनि पीडाहरूमाझ छट्पटिएपछि प्राप्त गरेको स्वतन्त्रतामा मैले व्यक्तिगत रूपमै खुशी र आनन्द अनुभव गरेको कारण, प्रभुको सेवकको रूपमा मैले बोलावट पाएपछि, प्रभुसित समरूप हुने उहाँको शक्तिशाली सेवक बन्नको लागि मैले धैरै दिन र समय उपवास अनि प्रार्थनामा बिताएँ । येशूले मर्कूस ९:२३ मा "तपाईंले सक्नुहुन्छ ! भनी के भनेको ? विश्वास गर्नेको लागि त सबै कुरा सम्भव छ" भनी हामीलाई भन्नु भएको छ । साथै, "जसले मलाई विश्वास गर्दछ, त्यसले मैले गरेका

काम पनि गर्नेछ, र तीभन्दा ठूला काम गर्नेछ, किनभने म पिताकहाँ गइरहेछु" (यूहन्ना १४:१२) भन्ने येशूको प्रतिज्ञामा भरोसा राखेर मैले विश्वास र प्रार्थना गरेँ । फलस्वरूप, वार्षिक जागृति सभाहरू मार्फत्, परमेश्वरले हामीलाई आश्चर्यजनक चिन्हहरू र उदेकपूर्ण कार्यहरू देखाउनुभएको छ र अनगिन्ती चङ्गाईका कार्यहरू प्रकट गर्नुभएको छ र उत्तरहरू दिनुभएको छ । यसबाहेक, सन् २००३ मा आयोजित जागृति सभाको दोस्रो हप्तामा परमेश्वरले विशेषगरी अन्धाहरू अनि हिंड्न, सुन्न, र बोल्न नसक्ने मानिसहरूलाई निको पार्नुभएर आफ्नो शक्ति प्रकट गर्नुभयो ।

चिकित्सा विज्ञानले फड्को मारेर उन्नतिको मार्गमा लम्केतापनि, दृष्टि वा सुन्ने शक्ति गुमाएका मानिसहरू निको हुन लगभग असम्भवै छ । तरैपनि, सर्वशक्तिमान परमेश्वरले आफ्नो शक्ति प्रकट गर्नु भयो, जसले गर्दा मैले केवल वेदीबाट प्रार्थना गर्दा मात्रै पनि, सृष्टिको शक्तिको कार्यद्वारा मृत स्नायु र कोशिकाहरू फेरि नयाँ बनेर मानिसहरूले देख्न, सुन्न, र बोल्न सक्नुभयो । थपअझ, कुप्रा ढाडहरू सोझिए र दह्रा हड्डीहरू खुकुलो भए जसले गर्दा मानिसहरूले आफ्ना बैसाखी, लट्ठी, र व्हीलचेयरहरू फाल्नुभयो र उहाँहरू उठ्न, उफ्रन र हिंड्न सक्नुभयो ।

परमेश्वरको आश्चर्यजनक कार्यले समय र दूरीलाई समेत माथ गर्दछ । भू-उपग्रह र इन्टरनेटमार्फत् जागृति सभामा सहभागी हुनुभएका मानिसहरूले पनि परमेश्वरको शक्ति अनुभव गर्नुभएको छ, र उहाँहरूले आजको दिनसम्म पनि आफ्ना गवाहीहरू दिइरहनुभएको छ ।

त्यसैकारण सत्यको वचनद्वारा पुनर्जीवित भएर असंख्य मानिसहरूले नयाँ जीवन, मुक्ति, उत्तरहरू र चङ्गाइ प्राप्त गरी परमेश्वरको शक्तिलाई अनुभव गर्दै उहाँलाई ठूलो महिमा दिइएको सन् २००३ को जागृति सभाका सन्देशहरूलाई यस पुस्तकको रूपमा प्रकाशित गरिएको छ ।

म सम्पादकीय विभागको निर्देशक ग्यूमसुन भिन र उहाँका कर्मचारीहरूका साथै अनुवादकीय ब्यूरोलाई उहाँहरूको मेहनत र समर्पणताको लागि विशेष धन्यवाद दिँदछु।

तपाईंहरू हरेकले सृष्टिकर्ता परमेश्वरको शक्ति, येशू ख्रीष्टको सुसमाचार, र पवित्र आत्माको ज्वालामय कार्यलाई अनुभव गर्न सक्नु भएको होस् र तपाईंहरूको जीवनमा खुशी र आनन्दको प्रचुरता रहेको होस् भनी म प्रभुको नाउँमा प्रार्थना गर्दछु !

Jaerock Lee

परिचय

अत्यावश्यक मार्ग निर्देशकको रूपमा रहेको पढ्नै पर्ने पुस्तक जसले साँचो विश्वास प्राप्त गर्न र परमेश्वरको आश्चर्यजनक शक्ति अनुभव गर्नका लागि सहायता गर्दछ

म सम्पूर्ण धन्यवाद र महिमा परमेश्वरलाई दिँदछु जसले सन् २००३ मे महिनामा डा. जेरक लीका साथ परमेश्वरको ठूलो र आश्चर्यजनक शक्तिको बीचमा सम्पन्न भएको "एघारौं दुई-हप्ते विशेष जागृति सभा" का सन्देशहरूलाई पुस्तकको रूपमा प्रकाशित गर्न हामीलाई अगुवाइ गर्नु भएको छ।

"शक्ति" शीर्षक अन्तर्गत आयोजित जागृति सभाका नौवटा सन्देशहरूका साथै येशू ख्रीष्टको सुसमाचार र जीवित परमेश्वरको शक्ति प्रत्यक्ष रूपमा अनुभव गर्नुभएका धेरै मानिसहरूका गवाहीहरू परमेश्वरको शक्ति मा समाविष्ट गरिएकोले, यस पुस्तकद्वारा तपाईंहरूले भरपूर अनुग्रह प्राप्त गर्नुहुनेछ।

पहिलो अध्याय, "परमेश्वरमा विश्वास गर्नको लागि" मा परमेश्वरको पहिचान, उहाँलाई विश्वास गर्नुको अर्थ र हामीले उहाँलाई भेट्ने र अनुभव गर्ने तरिकाहरू बारे वर्णन गरिएको छ।

दोस्रो अध्याय, "प्रभुमा विश्वास गर्नको लागि" मा येशू पृथ्वीमा आउनुको उद्देश्य अनि किन येशू हाम्रो एकमात्र मुक्तिदाता हुनुहुन्छ, र किन प्रभु येशूमा विश्वास गरेपछि मात्र हामीले उद्धार र उत्तर प्राप्त गर्न सक्छौं भन्ने कुरा बारे छलफल गरिएको छ ।

तेस्रो अध्याय, "अमूल्य रत्नभन्दा पनि बढी सुन्दर भाँडो" ले परमेश्वरको दृष्टिमा एक बहुमूल्य, प्रशंसनीय र सुन्दर भाँडो बन्नका लागि चाहिने कुराहरूका साथै यस्तो भाँडोलाई प्राप्त हुने आशिष्हरूका बारेमा विस्तृत रूपमा व्याख्या गर्दछ ।

चौथो अध्याय, "ज्योति" ले आत्मिक ज्योतिको बारेमा अनि परमेश्वर जो ज्योति हुनुहुन्छ उहाँलाई भेट्नका लागि हामीले के गर्नु पर्दछ, र ज्योतिमा हिंड्दा हामीले कस्ता आशिष्हरू पाउनेछौं भन्ने बारेमा व्याख्या गर्दछ ।

पाँचौं अध्याय, "ज्योतिको शक्ति" ले विभिन्न रङ्गहरूका ज्योतिहरूको माध्यमबाट मानव जातिद्वारा प्रकट हुने परमेश्वरको शक्तिका चार विभिन्न तहहरूका साथै प्रत्येक तहमा प्रकट भएका विविध किसिमका चङ्गाइहरूका साँचो गवाहीहरूको खोजी गरी तिनलाई प्रस्तुत गरेको छ । थपअझ, यस अध्यायले सृष्टिको सर्वोच्च शक्तिको परिचय दिँदै, परमेश्वरको असीमित शक्ति र हामीले ज्योतिको शक्ति प्राप्त गर्न सक्ने तरिकाहरूका बारेमा व्याख्या गर्दछ ।

जन्मैदेखिको अन्धो मानिसले येशूलाई भेटेपछि दृष्टि प्राप्त गरेको प्रक्रिया र दृष्टि प्राप्त गरेका अनि कमजोर दृष्टिशक्तिबाट निको भएका थुप्रै मानिसहरूका गवाहीहरूमा आधारित रहेर छैटौं अध्याय, "अन्धाहरूका आँखा खुल्नेछन्" ले तपाईंहरूलाई सृष्टिकर्ता परमेश्वरको शक्ति अनुभव गर्न मद्दत गर्नेछ ।

सातौं अध्याय, "मानिसहरू उठ्नेछन्, उफ्रनेछन् र हिंड्नेछन्" ले आफ्ना मित्रहरूको सहयोगमा येशूसामु आएर निको भई उठ्ने र हिंडेर फर्कने एक जना पक्षाघातीको कथालाई समेटेको छ । यसबाहेक, यो सन्देशले आज पनि यस्तो शक्ति अनुभव गर्नको लागि हामीले परमेश्वरसामु कस्तो प्रकारका विश्वासका कार्यहरू

प्रस्तुत गर्नु पर्छ भन्ने बारेमा पाठकहरूलाई ज्ञान दिँदछ।

आठौं अध्याय, "मानिसहरू आनन्दित हुनेछन्, नाच्नेछन् र गाउनेछन्" ले येशू साम् आएर चङ्गाइ पाउने बहिरो र गूँगो मानिसको कथालाई समावेश गरी, आजका दिनहरूमा हामीले यस्तो शक्ति अनुभव गर्न सक्ने उपायहरू उल्लेख गर्दछ।

अन्तमा, नवौं अध्याय "परमेश्वरको अचूक प्रबन्ध" मा परमेश्वर स्वयम्ले बीस वर्षभन्दा अघि नै मानमिनको स्थापनाकालदेखि प्रकट गर्नुभएको अन्त्यका दिनहरू र मानमिन केन्द्रीय चर्चसम्बन्धी भविष्यवाणीहरूलाई स्पष्ट रूपमा व्याख्या गरिएको छ।

यस कार्यद्वारा, असंख्य मानिसहरूले साँचो विश्वास प्राप्त गर्नुभएको होस्, सधैं सृष्टिकर्ता परमेश्वरको शक्ति अनुभव गर्नुभएको होस्, र पवित्र आत्माका भाँडाहरूको रूपमा प्रयोग हुन र उहाँको प्रबन्ध पूरा गर्न सक्नुभएको होस् भनी म हाम्रा प्रभु येशू ख्रीष्टको नाउँमा प्रार्थना गर्दछु!

ग्यूमसुन भिन

सम्पादकीय ब्यूरोका निर्देशक

विषय वस्तु

अध्याय ६

अन्धाहरूका आँखा खुल्नेछन् (यूहन्ना ९:३२-३३)

अध्याय ७

मानिसहरू उठ्नेछन्, उफ्रनेछन् र हिँड्नेछन् (मर्कूस २:३-१२)

अध्याय ८

मानिसहरू आनन्दित हुनेछन्, नाच्नेछन् र
गाउनेछन् (मर्कूस ७:३१-३७)

अध्याय ९

परमेश्वरको अचूक प्रबन्ध (व्यवस्था २६:१६-१९)

अध्याय १

परमेश्वरमा विश्वास गर्नको लागि

विश्वासद्वारा हामी बुझ्दछौं कि सारा विश्व परमेश्वरको वचनद्वारा सृष्टि भयो, र जो दृश्य छ त्यो अदृश्य कुराबाट बन्यो

(हिब्रू ११:३) ।

सन् १९९३ मे महिनामा आयोजित पहिलो वार्षिक दुई-हप्ते विशेष जागृति सभादेखि असंख्य मानिसहरूले परमेश्वरको बढ्दो शक्ति र कार्यहरूद्वारा आधुनिक चिकित्साशास्त्रले निको पार्न नसक्ने रोगहरू निको भएको र विज्ञानद्वारा समाधान नहुने समस्याहरू समाधान भएको अनुभव गर्दै आइरहनुभएको छ । मर्कूस १६:२० मा उल्लेख गरिएझैं, विगतका सत्र वर्षहरूदेखि परमेश्वरले चिन्हहरूद्वारा उहाँको वचनलाई पुष्टि गर्नुभएको छ ।

विश्वास, धार्मिकता, शरीर र आत्मा, भलाइ र ज्योति, प्रेम इत्यादि जस्ता विषयहरूमा प्रचार गरिएका गहिरा सन्देशहरूद्वारा, परमेश्वरले मानमिनका असंख्य सदस्यहरूलाई गहिरो आत्मिक राज्यमा डोऱ्याउनु भएको छ । यसबाहेक, प्रत्येक जागृति सभा मार्फत्, परमेश्वरले उहाँको शक्ति हामी आफैलाई अनुभव गर्न दिनुभएको छ जसले गर्दा यी जागृति सभाहरू विश्वभरि प्रसिद्ध भएका छन् ।

येशूले हामीलाई मर्कूस ९:२३ मा यसो भन्नुभएको छ, "तपाईंले सक्नुहुन्छ ! भनी के भनेको ? विश्वास गर्नेको लागि त सबै कुरा सम्भव छ ।" त्यसैले, यदि हामीले साँचो विश्वास धारण गऱ्यौं भने, हाम्रो लागि केही पनि कुरा असम्भव हुनेछैन र हामीले खोजेको कुरा हामीलाई प्राप्त हुनेछ ।

त्यसोभए, हामीले के कुरामा र कसरी विश्वास गर्नुपर्छ त ? यदि हामीले परमेश्वरलाई सही तरिकाले चिनेका छैनौं र उहाँमा विश्वास गरेका छैनौं भने, हामीले उहाँको शक्तिलाई अनुभव गर्न सक्दैनौं र उहाँबाट उत्तरहरू प्राप्त गर्न कठिन हुनेछ । त्यसै कारण सही तवरले बुझ्नु र विश्वास गर्नु अत्यन्तै महत्वपूर्ण छ ।

परमेश्वर को हुनुहुन्छ ?

सर्वप्रथम, परमेश्वर बाइबलका ६६ वटा पुस्तकहरूका लेखक हुनुहुन्छ । २ तिमोथी ३:१६ ले हामीलाई यो स्मरण गराउँदछ कि,"सम्पूर्ण पवित्र-शास्त्र परमेश्वरको प्रेरणाबाट भएको हो ।" बाइबलमा ६६ वटा पुस्तकहरू समाविष्ट छन् र १,६०० वर्षको अवधिमा करिब ३४ जना विभिन्न मानिसहरूद्वारा यो लेखिएको अनुमान गरिएको छ । यद्यपि, बाइबलका प्रत्येक पुस्तकको सबैभन्दा आश्चर्यजनक पक्ष यो हो कि यो शताब्दीयौंसम्म विभिन्न मानिसहरूद्वारा लेखिएको भएतापनि, शुरुदेखि अन्तसम्म ती पुस्तकहरू सर्वाङ्गसम र एक अर्कासित तदनुरूपी छन् । अर्को शब्दमा, बाइबल, इतिहासको विभिन्न अवधिहरूमा, परमेश्वरले योग्य ठान्नुभएका मानिसहरूले उहाँबाट प्रेरणा पाएर लेख्नुभएको परमेश्वरको वचन हो र यसद्वारा उहाँले आफैलाई प्रकट गर्नुभएको छ । यसकारणले गर्दा बाइबल परमेश्वरको वचन हो भनी विश्वास गर्ने र यसलाई पालना गर्नेहरूले, परमेश्वरले प्रतिज्ञा गर्नुभएका आशिष्हरू र अनुग्रह अनुभव गर्न सक्नुहुन्छ ।

अर्को, परमेश्वर "म हुँ जो म हुँ" हुनुहुन्छ (प्रस्थान ३:१४) । मानिसको कल्पनाद्वारा बनाइएका वा आफ्नै हातले खोपेर बनाएका मूर्तिहरू जस्तो नभई हाम्रो परमेश्वर अनन्तदेखि अनन्तसम्म अस्तित्वमा हुनुहुने साँचो परमेश्वर हुनुहुन्छ । यसका अलावा, हामी परमेश्वरलाई प्रेम (१ यूहन्ना ४:१६), ज्योति (१ यूहन्ना १:५) र अन्तको समयमा सबै कुराको इन्साफ गर्नुहुने न्यायाधीशको रूपमा पनि वर्णन गर्न सक्छौं ।

यसबाहेक, सबैभन्दा महत्वपूर्ण कुरा यो हो कि, परमेश्वरले उहाँको अद्भुत शक्तिद्वारा, स्वर्ग र पृथ्वीका सबै थोकहरू सृष्टि गर्नुभयो । उहाँ सर्वशक्तिमान् हुनुहुन्छ

जसले अविरल रूपमा सृष्टिको समयदेखि यस दिनसम्म उहाँको उदेकपूर्ण शक्ति प्रकट गरिरहनु भएको छ ।

सबै कुराको सृष्टिकर्ता

उत्पत्ति १:१ मा हामी,"आदिमा परमेश्वरले आकाश र पृथ्वी सृष्टि गर्नुभयो" भनी पाउँदछौं । हिब्रू ११:३ ले हामीलाई भन्दछ, "विश्वासद्वारा हामी बुझ्दछौं कि सारा विश्व परमेश्वरको वचनद्वारा सृष्टि भयो, र जो दृश्य छ त्यो अदृश्य कुराबाट बन्यो ।"

समयको शुरुवाततिर शून्यताको अवस्थामा, परमेश्वरको शक्तिद्वारा ब्रह्माण्डका सबै कुराहरू सृष्टि गरिए । उहाँको शक्तिद्वारा, परमेश्वरले आकाशमा सूर्य र चन्द्र, रूख र बिरुवाहरू, चरा र जनावरहरू, समुद्रमा माछाहरू र मानवजाति सृष्टि गर्नुभयो ।

यस तथ्यको बावजुद पनि, धेरै मानिसहरूले सृष्टिकर्ता परमेश्वरलाई विश्वास गर्न सक्दैनन् किनभने सृष्टिको अवधारणा तिनीहरूले यस संसारमा सिकेका ज्ञान वा अनुभवसित विरोधाभासपूर्ण हुन्छ । उदाहरणको लागि, यस्ता मानिसहरूलाई ब्रह्माण्डका सबै कुराहरू परमेश्वरको आज्ञाद्वारा शून्यताको अवस्थाबाट सृष्टि गरिएका हुन् भनी स्वीकार गर्न असम्भव हुन्छ ।

यसैकारणले गर्दा विकासवादको सिद्धान्त प्रतिपादित भयो । विकासवादको सिद्धान्तलाई पछ्याउने मानिसहरूले कुनै जीव संयोगवश अस्तित्वमा आएर आफै विकसित भयो र संख्यामा वृद्धि भयो भनी तर्क गर्दछन् । यदि मानिसहरूले ज्ञानको यस्तो संरचनामा आधारित भएर परमेश्वरले ब्रह्माण्डलाई सृष्टि गर्नुभएको तथ्यलाई इन्कार गर्छन् भने, तिनीहरूले बाइबलका बाँकी कुराहरूलाई पनि विश्वास गर्न सक्दै

नन् । परमेश्वरको पुत्र मानिस भएर जन्मनुभयो, मर्नुभयो, पुनरुत्थान हुनुभयो र स्वर्गमा चढी जानुभयो भनी घोषणा गर्दा तिनीहरूले विश्वास गर्न सक्दैनन्, र स्वर्ग अनि नरकको अस्तित्वको बारेमा जतिसुकै प्रचार गरेतापनि तिनीहरूले ती कुरामा विश्वास गर्न सक्दैनन् किनभने तिनीहरू त्यहाँ कहिल्यै पुगेका हुँदैनन् ।

तरैपनि, विज्ञानको विकाससँगै विकासवादको भ्रमजाल अनावृत भएको र सृष्टिवादको वैधता पुष्टि हुँदै गइरहेको हामी पाउँदछौं । हामीले वैज्ञानिक प्रमाणहरूको सूची नबनाएतापनि, सृष्टिवादलाई प्रमाणित गर्ने अनगिन्ती उदाहरणहरू हामी पाउन सक्छौं ।

हामीले सृष्टिकर्ता परमेश्वरमा विश्वास गर्न सक्ने प्रमाणहरू

हामी एउटा उदाहरणलाई हेरौं । विश्वभरि दुई सयभन्दा बढी राष्ट्रहरू अनि विभिन्न प्रकारका जातजातिहरू छन् । यद्यपि, तिनीहरू गोरो, कालो, वा गहुँगोरो जस्तोसुकै भएतापनि, हरेकका दुई आँखा छन् । हरेकका दुई कान, एउटा नाक, र नाकमा दुई वटा प्वालहरू छन् । यो नमूना केवल मानव जातिमा मात्र नभई जमीनका प्राणीहरू, आकाशका चराहरू, र समुद्रका माछाहरूमा पनि लागू हुन्छ । हात्तीको सूँड असाधारण रूपमा ठूलो र लामो हुन्छ तरपनि त्यसको नाकमा दुईवटाभन्दा बढी प्वाल हुँदैन । हरेक मानिस, पशु, पंक्षी र माछाको एउटै मुख हुन्छ, र प्राय सबैको एउटै ठाउँमा मुख हुन्छ । विभिन्न प्रजातिहरूको प्रत्येक अंग हुने ठाउँमा केही सूक्ष्म भिन्नताहरू छन्, तर प्रायजसो भागहरूको संरचना र स्थानमा खासै फरक हुँदैन ।

यी सबै कुराहरू कसरी "संयोगले" हुन सक्यो त ? एउटै सृष्टिकर्ताले नै असंख्य मानिसहरू, पशुहरू, पंक्षीहरू र माछाहरू बनाउनु भएको हो भन्ने कुराको यो एउटा स्पष्ट प्रमाण हो । यदि एकभन्दा बढी सृष्टिकर्ताहरू भएका भए, सृष्टिकर्ताहरूको संख्या र प्राथमिकताअनुसार जीवजन्तुको स्वरूप र संरचनामा पनि भिन्नता हुने थियो । तर, हाम्रो परमेश्वर एक मात्र सृष्टिकर्ता हुनुभएकोले, सबै जीवित प्राणीहरू समान ढाँचामा सृष्टि गरिएका छन् ।

यसका अलावा, प्रकृति र ब्रह्माण्डमा हामी अनगिन्ती प्रमाणहरू पाउन सक्छौं, जसले सबै कुराहरू परमेश्वरद्वारा नै सृष्टि गरिएका हुन् भनी विश्वास गर्न हामीलाई सहायता गर्दछ । रोमी १:२० मा, "उहाँको अदृश्य गुण अर्थात् उहाँको अनन्त शक्ति र ईश्वरीय स्वभाव संसारको सृष्टिदेखि नै बनाइएका थोकहरूमा छर्लङ्गै देखिएको छ । यसैले यिनीहरूलाई कुनै किसिमको बहाना छैन" भनी उल्लेख गरिएझैं परमेश्वरको अस्तित्वको सत्यतालाई कसैले पनि इन्कार वा खण्डन गर्न सकेको नहोस् भन्ने हेतुले उहाँले सबै कुराहरूको ढाँचा बनाउनुभयो र तिनलाई सृष्टि गर्नुभयो ।

हबकूक २:१८-१९ ले भन्दछ, "मान्छेले खोपेर बनाएको मूर्तिको के मूल्य छ र ? अथवा झूट सिकाउने प्रतिमाको के मूल्य छ ? किनकि त्यो बनाउने कारीगरले आफ्नै हातले बनाएको सृष्टिमा भरोसा राख्तछ । उसले मूर्ति बनाउँछ, जसले बोल्न सक्दैन । धिक्कार त्यसलाई जसले काठलाई भन्दछ, जिउँदो होऊ र बोल्न नसक्ने ढुङ्गालाई भन्दछ जाग । के त्यसले मार्ग दर्शन गर्न सक्छ ? त्यो त सुन र चाँदीले मोहोरिएको छ, त्यसमा सास नै छैन ।" यदि तपाईंहरूमध्ये कसैले परमेश्वरको बारेमा थाहा नपाउँदा मूर्तिहरू पूज्नुभएको वा तिनमा विश्वास गर्नुभएको थियो भने, तपाईंहरूले आफ्नो हृदय चिरेर आफ्ना पापहरूका लागि पूर्णरूपमा पश्चात्ताप गर्नुपर्दछ ।

बाइबलीय प्रमाणहरू जसद्वारा हामी सृष्टिकर्ता परमेश्वरमा निश्चय नै विश्वास गर्न सक्छौं

अझै पनि धेरै मानिसहरू आफू वरपर अनगिन्ती प्रमाणहरू भएतापनि परमेश्वरमा विश्वास गर्दैनन् । त्यसैकारण, आफ्नो शक्ति प्रकट गर्नुभएर, परमेश्वरले हामीलाई उहाँको अस्तित्वको सुस्पष्ट र अकाट्य प्रमाणहरू देखाउनु भएको छ । मानिसहरूले गर्न नसक्ने आश्चर्यकर्महरूद्वारा, परमेश्वरले मानवजातिलाई उहाँको अस्तित्व र उदेकपूर्ण कार्यमा विश्वास गर्न दिनुभएको छ ।

बाइबलमा परमेश्वरको शक्ति प्रकट भएको धेरै मनोहर उदाहरणहरू छन् । लाल समुद्र विभाजित भएको थियो, सूर्य अडिएको थियो र पछि सरेको थियो र स्वर्गबाट आगो तल झारिएको थियो । उजाडस्थानमा तीतो पानी मीठो पानीमा परिणत भएको थियो, र चट्टानबाट पानीको मूल फुटेर निस्क्यो । मृतकहरू पुनर्जीवित भए, रोगहरू निको भए र हार्नै लागेका युद्धहरूमा विजय हासिल भयो ।

मानिसहरूले सर्वशक्तिमान् परमेश्वरमा विश्वास गरेर उहाँसित माग्दा, तिनीहरूले उहाँको शक्तिका अकल्पनीय कार्यहरू अनुभव गर्न सक्छन् । त्यसैकारण परमेश्वरले उहाँको शक्ति प्रकट भएका धेरै उदाहरणहरू बाइबलमा उल्लेख हुन दिनुभयो र हामीलाई विश्वास गर्ने आशिष् दिनुभयो ।

यद्यपि, उहाँको शक्तिको कार्य केवल बाइबलमा मात्र सीमित छैन । परमेश्वर अपरिवर्तनीय हुनुहुन्छ त्यसैले, अनगिन्ती चिन्हहरू, आश्चर्यकर्महरू, र उहाँको शक्तिका कार्यहरूद्वारा; हामीलाई उहाँले प्रतिज्ञा गर्नुभएझैं आज पनि सारा विश्वभरि आफ्ना

साँचो विश्वासीहरूद्वारा उहाँले आफ्नो शक्ति प्रकट गरिरहनु भएको छ । मर्कूस ९:२३ मा येशूले, "तपाईंले सक्नुहुन्छ ! भनी के भनेको ? विश्वास गर्नेको लागि त सबै कुरा सम्भव छ" भनी हामीलाई विश्वस्त तुल्याउनु भएको छ । मर्कूस १६:१७-१८ मा हाम्रा प्रभुले हामीलाई, "विश्वास गर्नेहरूसँग यी चिन्हहरू हुनेछन्- मेरो नाउँमा तिनीहरूले भूत धपाउनेछन्, तिनीहरूले नयाँ भाषाहरूमा बोल्नेछन्, तिनीहरूले सर्पहरू समात्नेछन् र कुनै विषालु कुरा पिए तापनि कुनै हानि गर्नेछैन । तिनीहरूले रोगीहरूमाथि आफ्ना हात राख्नेछन् र तिनीहरू निको हुनेछन्" भनी स्मरण गराउनु भएको छ ।

मानमिन केन्द्रीय चर्चमा
प्रकट भएको परमेश्वरको शक्ति

मैले सिनियर पास्टरको रूपमा सेवकाइ गरिरहेको मानमिन केन्द्रीय चर्चले, पृथ्वीको पल्लो छेऊसम्म सुसमाचार प्रचार गर्ने क्रममा लगातार सृष्टिकर्ता परमेश्वरको शक्तिको कार्य प्रकट गरिरहेको छ । सन् १९८२ मा स्थापना भएदेखि यता, मानमिनले सृष्टिकर्ता परमेश्वरको शक्तिद्वारा अनगिन्ती मानिसहरूलाई मुक्तिको मार्गमा अगुवाइ गरेको छ । उहाँको शक्तिको सबैभन्दा उल्लेखनीय कार्यचाहिँ रोगबिमारहरू र दुर्बलताहरूको चङ्गाइ हो । धेरै मानिसहरू क्यान्सर, क्षयरोग, पक्षाघात, मस्तिष्क पक्षाघात, हर्निया, गठियाबाथ, रक्त क्यान्सर लगायतका "निको नहुने" रोगहरूबाट निको हुनुभएको छ । भूतात्माहरू धपाइए, लङ्गडाहरू खडा भएर हिँड्न र दौड्न थाल्नुभयो, अनि विभिन्न प्रकारका दुर्घटनाहरूमा परेर पक्षाघात भएकाहरू निको हुनुभयो । साथै, गम्भीर रूपमा जलेका बिरामीहरू पनि प्रार्थना ग्रहण गरेपछि कुनै पनि

दाग बाँकी नरहने गरी तत्कालै निको हुनु भएको छ । मस्तिष्कमा भएको रक्तस्राव वा ग्याँसको विषाक्तताको कारणले गर्दा बेहोश भएर अरट्ठो भइसकेका मानिसहरू हो शमा आएर तत्कालै निको हुनुभएको छ । सास फेर्न छोडेकाहरूले पनि प्रार्थना ग्रहण गरेपछि फेरि जीवन पाउनुभएको छ ।

विवाह भएको पाँच, सात, दस र बीस वर्षसम्म पनि सन्तान नभएका थुप्रै दम्पत्तीहरूले प्रार्थना ग्रहण गरेर गर्भधारणको आशिष् पाउनुभएको छ । सुन्न, हेर्न र बो ल्न नसक्ने असंख्य मानिसहरूले प्रार्थना ग्रहण गर्नुभएपछि ती क्षमताहरू पुन:प्राप्त गर्नुभएर परमेश्वरलाई ठूलो महिमा दिनुभएको छ ।

विज्ञान र चिकित्साशास्त्रले वर्षैपिच्छे र शताब्दियौँपिच्छे ठूलो फड्को मारेतापनि, यसले मृत स्नायुलाई पुनर्जीवित पार्न सक्दैन र जन्मजात अन्धो वा बहिरोलाई निको पार्न सक्दैन । तथापि, शून्यताबाट सबै कुरा सृष्टि गर्नुहुने सर्वशक्तिमान् परमेश्वरले जे पनि गर्न सक्नुहुन्छ ।

म आफैले पनि सर्वशक्तिमान् परमेश्वरको शक्तिलाई अनुभव गरेको छु । उहाँलाई विश्वास गर्नुभन्दा अघि म सात वर्षसम्म मृत्युको संघारमा थिएँ । मेरा दुई आँखाहरू बाहेक, मेरो शरीरका सबै भागहरू रोगले ग्रसित थिए, त्यसैले मलाई “रोगहरूको भण्डार” भन्ने उपनाम दिइएको थियो । मैले पूर्वी र पश्चिमी चिकित्सा प्रविधिहरू, कुष्ठरोगको औषधि, सबै प्रकारका जडीबुटीहरू, भालु र कुकुरका पित्तथैलीहरू, शतपदी र पिसाब प्रयोग गरेँ तर ती सबै बेकार भयो । ती पीडादायी सात वर्षको समयमा मै ले धेरै प्रयत्नहरू गरेँ, तर निको हुन सकिनँ । सन् १९७४ को वसन्ततिर म ठूलो निर ाशामा डुबेको बेलामा मैले अकल्पनीय अनुभव गर्ने मौका पाएँ । मैले परमेश्वरलाई भेटेको क्षणमा, उहाँले मलाई मेरा सबै रोगहरू र दुर्बलताहरूबाट निको पार्नुभयो । त्यो

"तपाईंले मेरो जीवन बचाउनु भएकोमा
म कति कृतज्ञ छु.........
मेरो जीवनैभरि वैसाखीको साहारामा जिउनुपर्छ भनी
मैले सोचेको थिएँ......

अहिले, म हिंड्न सक्छु
पिता, पिता म तपाईंलाई धन्यवाद दिन्छु !"

[illegible]
जो पूर्ण रूपले अशक्त हुनुहुन्थ्यो,
प्रार्थना ग्रहण गरे पछि
आफ्ना वैसाखीहरू फालेर उहाँ हिंड्नुभयो

समयदेखि यता, परमेश्वरले मलाई सधैँ सुरक्षित राख्नुभएको छ जसले गर्दा म कहिल्यै पनि बिरामी भएको छैन । आफ्नो शरीरको कुनै पनि भागमा थोरै मात्र पनि असजिलो महसुस गर्दा, विश्वासद्वारा प्रार्थना गरेपछि म तुरुन्तै निको हुन्थेँ ।

म र मेरा परिवारका साथै, मानमिनका धेरै सदस्यहरूले सर्वशक्तिमान् परमेश्वरमा निष्ठापूर्वक विश्वास गर्नुहुन्छ भनी मलाई थाहा छ र त्यसैले उहाँहरू सधैँ शारीरिक रूपमा स्वस्थ हुनुहुन्छ र औषधिहरूमा निर्भर हुनुहुन्न । चङ्गाइकर्ता परमेश्वरको कृपाप्रति कृतज्ञ हुनुभएर, निको हुनुभएका धेरै मानिसहरूले अहिले परमेश्वरका निष्ठावान् मिशनरीहरू, एल्डरहरू, डिकनिसहरू र डिकनहरूको रूपमा चर्चमा सेवा गरिरहनु भएको छ ।

परमेश्वरको शक्ति रोग र दुर्बलताहरू निको पार्नमा मात्र सीमित छैन । सन् १९८२ मा चर्च स्थापना भएदेखि नै, मानमिनका धेरै सदस्यहरू, परमेश्वरको शक्तिमा विश्वास राखी प्रार्थना गर्दा मौसम नियन्त्रण भएर भारी वर्षा रोकिएको, अत्यन्त गर्मीका दिनहरूमा मानमिनका सदस्यहरूले बादलको छहारी पाउनुभएको, आँधी निष्क्रिय भएको र त्यसले आफ्नो मार्ग परिवर्तन गरेको जस्ता असंख्य उदाहरणहरूका साक्षी बन्नुभएको छ । उदाहरणको लागि, प्रत्येक जुलाई र अगष्ट महिनामा चर्चव्यापी समर रिट्रिट आयोजना गरिन्छ । दक्षिण कोरियाका बाँकी भागहरूमा आँधी र बाढीहरूको प्रकोप भएतापनि, रिट्रिट आयोजना गरिएका स्थानहरू भारी वर्षा र अन्य प्राकृतिक प्रकोपहरूबाट सुरक्षित रहन्छन् । मानमिनका धेरै सदस्यहरूले पानी नपरेको दिनमा पनि नियमित रूपमा इन्द्रेनीहरू देख्ने गर्नुहुन्छ ।

परमेश्वरको शक्तिको अझ आश्चर्यजनक पक्ष पनि छ । मैले बिरामीहरूमाथि सो

"म तपाईंकहाँ आउन चाहन्छु,
हे पिता, तर यदि म रहिनं भने
मेरा प्रियजनहरूलाई के हुनेछ ?
प्रभु, यदि तपाईंले मलाई नयाँ जीवन दिनुभयो भने,
म त्यो तपाईंमा समर्पित गर्नेछु........"

एल्डर मून्की किम,
जो मस्तिष्क रक्ताघातको कारण
अचानक ढल्नुभएको थियो,
डा. जेरक लीको प्रार्थनापछि
पुनः होशमा आउनुभएर उठ्नु भयो

झै हात राखेर प्रार्थना नगरेतापनि परमेश्वरको शक्तिको कार्य प्रकट भएको छ । वे दीबाट सबै विश्वासीहरूका लागि गरिएको "बिरामीको लागि प्रार्थना" र क्यासेट टेप, इन्टरनेट प्रसारण, र स्वचालित टेलिफोन सन्देशहरूमा रेकर्ड गरिएको "प्रार्थना" ग्रहण गरेर चङ्गाइ र आशिषहरू प्राप्त गरी असंख्य मानिसहरूले परमेश्वरलाई ठूलो महिमा दिनुभएको छ ।

यसबाहेक, प्रेरित १९:११-१२ मा हामी यस्तो लेखिएको पाउँदछौं, "परमेश्वरले पावलको हातबाट असाधारण आश्चर्य कामहरू गर्नुभयो, यहाँ सम्म कि रूमाल अथवा पछ्यौरा तिनको शरीरमा छुवाएर बिरामीहरूकहाँ लगिन्थे, र तिनीहरूका शरीरबाट रो ग जान्थे र दुष्टात्मा पनि निस्कन्थे ।" त्यसैगरी, मैले प्रार्थना गरेको रूमालद्वारा, परमे श्वरको शक्तिको कार्य प्रकट हुने गर्दछ ।

यसबाहेक, मैले बिरामीहरूको तस्वीरमा आफ्नो हात राखेर प्रार्थना गर्दा, समय र दूरीलाई माथ गर्दै चङ्गाइका कार्यहरू विश्वभरि प्रकट हुन्छन् । त्यसैकारण, मैले समुद्रपारका क्रूसेडहरू सञ्चालन गर्दा, प्राण घातक एड्स सहित सबै प्रकारका रो गहरू र दुर्बलताहरू समय र दूरीलाई माथ गर्ने परमेश्वरको शक्तिद्वारा एकै क्षणमा निको हुन्छन् ।

परमेश्वरको शक्ति अनुभव गर्न

के यसको मतलब परमेश्वरमा विश्वास गर्ने जो कोहीले पनि उहाँका शक्तिको अद्भुत कार्य अनुभव गर्न र उत्तर अनि आशिषहरू प्राप्त गर्न सक्छन् भन्ने हो त ?

धेरै मानिसहरूले परमेश्वरमा विश्वास गर्छु भनी दाबी गरेतापनि सबैले परमेश्वरको शक्तिलाई अनुभव गर्न सक्दैनन् । तपाईंले परमेश्वरप्रतिको आफ्नो विश्वासलाई कार्यमा प्रकट गर्नुभएर उहाँले "मलाई थाहा छ, तिमी मलाई विश्वास गर्छौ", भनी तपाईंको विश्वासलाई मान्यता दिनु भयो भने मात्र तपाईंले उहाँको शक्तिलाई अनुभव गर्न सक्नुहुन्छ ।

कसैले प्रचार गरेको वचन सुनेर आराधना सेवामा उपस्थित हुनुलाई नै परमेश्वरले "विश्वास" को रूपमा लिनुहुन्छ । तरैपनि, तपाईंले चङ्गाइ र उत्तरहरू प्राप्त गर्न सक्ने गरी साँचो विश्वास धारण गर्नको लागि, परमेश्वर को हुनुहुन्छ, किन येशू हाम्रो मुक्तिदाता हुनुहुन्छ भन्ने बारेमा, र स्वर्ग अनि नरकको अस्तित्वको बारेमा बुझ्नु अनि थाहा पाउनु पर्दछ । जब तपाईंले यी तथ्यहरू बुझ्नुहुन्छ, आफ्ना पापको निम्ति पश्चात्ताप गर्नुहुन्छ, येशूलाई आफ्नो व्यक्तिगत मुक्तिदाताको रूपमा ग्रहण गर्नुहुन्छ, र पवित्र आत्मा प्राप्त गर्नुहुन्छ, तब तपाईंले परमेश्वरको सन्तान हुने अधिकार प्राप्त गर्नुहुनेछ । योचाहिँ साँचो विश्वासतिरको पहिलो कदम हो ।

साँचो विश्वास हुने मानिसहरूले त्यस्तो विश्वासलाई पुष्टि गर्ने कार्यहरू देखाउनु हुनेछ । परमेश्वरले उहाँहरूको विश्वासका कार्यहरू देख्नु हुनेछ, अनि उहाँहरूको हृदयका इच्छाहरूको उत्तर दिनुहुनेछ । उहाँको शक्तिको कार्य अनुभव गर्नेहरूले उहाँप्रति आफ्नो विश्वासका प्रमाणहरू देखाउनुहुनेछ र परमेश्वरबाट मान्यता पाउनु हुनेछ ।

विश्वासका कार्यहरूद्वारा परमेश्वरलाई खुशी तुल्याउनु

यहाँ बाइबलका केही उदाहरणहरू छन् । सर्वप्रथम, २ राजा ५ अध्यायमा अरामका राजाको सेनाका सेनापति नामानको कथा छ । अगमवक्ता एलीशा, जस मार्फत् परमेश्वर बोल्नुभएको थियो, उहाँको आज्ञा पालन गरेर आफ्नो विश्वासको कार्य प्रकट गरेपछि नामानले परमेश्वरको शक्तिको कार्य अनुभव गरे ।

नामान अराम राज्यको प्रतिष्ठित सेनापति थिए । कुष्ठरोग लागेपछि तिनी आश्चर्यजनक र उदेकका कार्यहरू गर्नुहुने एलीशालाई भेट्न गए । तर, नामान जस्तो एक प्रभावशाली र प्रसिद्ध सेनापति एलीशा कहाँ ठूलो परिमाणमा सुन, चाँदी, र लुगाफाटासाथ आउँदा, अगमवक्ताले केवल आफ्नो एक समाचारवाहक नामानकहाँ पठाउनुभयो, र तिनलाई, "तिमी आफै गएर यर्दन नदीमा सात पल्ट डुबुल्की मार" (पद १०) भनी भन्नुभयो । शुरुमा, अगमवक्ताबाट सोचेअनुरूपको व्यवहार नपाएकोले गर्दा नामान रिसाएका थिए । थपअझ, एलीशाले तिनको निम्ति प्रार्थना गरिदिनुको साटो, नामानलाई आफै गएर यर्दन नदीमा डुबुल्की मार्नू भनी भन्नुभएको थियो । तरै पनि, नामानले चाँडै आफ्नो मन परिवर्तन गरेर आज्ञा पालन गरे । एलीशाको भनाइ आफूलाई मन नपरेतापनि र आफ्नो सोचाइअनुसार मेल नखाएतापनि, तिनले परमेश्वरको अगमवक्ताले दिनुभएको आज्ञालाई पालन गरेर हेर्ने निर्णय गरे ।

नामानले यर्दन नदीमा ६ पटकसम्म डुबुल्की मार्दा तिनको शरीरमा भएको कुष्ठरोगमा कुनै पनि परिवर्तन देखिएन । तर, जब नामानले यर्दन नदीमा सातौं पटक डुबुल्की लगाए तब तिनको छाला जवान केटाको जस्तै नयाँ भयो (पद १४) ।

आत्मिक अर्थमा, "पानी" ले परमेश्वरको वचनलाई जनाउँदछ । नामान आफैले

यर्दन नदीमा डुबुल्की मार्नुले यो जनाउँदछ कि परमेश्वरको वचनद्वारा तिनी आफ्ना पापहरूबाट शुद्ध भएका थिए । यसबाहेक, संख्या “सात” ले सिद्धतालाई जनाउँदछ, नामान आफैले नदीमा “सात पटक” डुबुल्की मार्नुले ती सेनापतिले पूर्ण रूपमा पाप क्षमा पाएको तथ्यलाई जनाउँदछ ।

सोही अनुरूप, यदि हामी परमेश्वरबाट उत्तर प्राप्त गर्न चाहन्छौं भने, नामानले गरेझैं हामीले पनि सर्वप्रथम हाम्रा पापहरूको निम्ति पूर्ण रूपले पश्चात्ताप गर्नुपर्दछ । यद्यपि, “म पश्चात्ताप गर्दछु, मैले गल्ती गरेको छु” भनेर प्रार्थना गर्दैमा पश्चात्ताप पुग्दैन । तपाईंले आफ्नो “हृदय चिरेर” पश्चात्ताप गर्नुपर्दछ (योएल २:१३) । यसबाहेक, आफ्ना पापहरूका निम्ति पूर्ण रूपमा पश्चात्ताप गरेपछि, फेरि त्यही पाप कहिल्यै नदो होर्‍याउने दृढसंकल्प गर्नु पर्दछ । त्यसपछि मात्र तपाईं र परमेश्वर बीचको पापको पर्खाल भत्किनेछ, तपाईंभित्र आनन्द प्रवाह हुनेछ, तपाईंका समस्याहरू समाधान हुनेछन्, र तपाईंले आफ्नो हृदयका इच्छाहरूको उत्तर प्राप्त गर्नु हुनेछ ।

दोस्रो, १ राजा ३ अध्यायमा राजा सोलोमनले परमेश्वरको सामु एक हजार होमबलि अर्पण गर्नुभएको हामी पाउँदछौं । यी बलिहरूका माध्यमद्वारा, सोलोमनले परमेश्वरबाट उत्तर पाउनका लागि आफ्नो विश्वासका कार्यहरू प्रकट गर्नुभयो र परिणाम स्वरूप आफूले मागेका कुराहरू मात्र नभई, आफूले नमागेका कुराहरू पनि परमेश्वर बाट प्राप्त गर्नुभयो ।

एक हजार होमबलि अर्पण गर्नको लागि सोलोमनलाई ठूलो समर्पणता चाहिन्थ्यो । प्रत्येक बलिदानको लागि, राजाले ती पशुहरूलाई पक्रनु पर्दथ्यो र तयार गर्नुपर्दथ्यो । त्यस्तो बलिदान हजार पटक दिनको लागि कति समय, सामर्थ्य र पैसाको आवश्यकता पर्दछ भनी के तपाईं कल्पना गर्न सक्नुहुन्छ ? यदि राजा सोलोमनले जीवित परमेश्वर

लाई विश्वास नगर्नुभएको भए उहाँले त्यस्तो प्रकारको समर्पणता देखाउन सक्नु हुने थिएन ।

जब परमेश्वरले सोलोमनको समर्पणता देख्नुभयो, तब उहाँले राजाले शुरुमा माग्नु भएको बुद्धि मात्र नभई धन र सम्मान पनि दिनुभयो जसले गर्दा सोलोमनको जीवनकालभरि उहाँको बराबरीमा आउनसक्ने कुनै पनि राजा थिएनन् ।

अन्तमा, मत्ती १५ अध्यायमा सिरियाली फोनिसियाको एक स्त्रीको कथा हामी पाउँदछौं, जसकी छोरी भूतात्माबाट सताइएकी थिइन् । तिनी एक नम्र र अपरिवर्तनीय हृदयका साथ येशूको सामु आइन्, चङ्गाइको लागि येशूसँग बिन्ती गरिन्, र अन्तमा आफ्नो हृदयको इच्छाको उत्तर प्राप्त गरिन् । तथापि, ती स्त्रीले हार्दिकतापूर्वक अन्तर्बिन्ती गर्दा येशूले शुरुमै "ठीक छ तिम्री छोरी निको हुनेछिन्" भनी भन्नुभएन । यसको सट्टामा उहाँले ती स्त्रीलाई,"बालकहरूको रोटी लिएर कुकुरहरूलाई फालिदिनु ठीक हुँदैन" (पद २६) भनी भन्नुभयो । उहाँले ती स्त्रीलाई एक कुकुरसित तुलना गर्नुभयो । यदि ती स्त्रीमा विश्वास नभएको भए तिनले अत्यन्तै लज्जित महसूस गर्ने थिइन् वा अत्यन्तै रिसाउने थिइन् । तर पनि ती स्त्रीसँग येशूबाट उत्तर प्राप्त गर्ने विश्वास थियो, र तिनी नता निराश न हतोत्साहित भइन् । बरु, ती स्त्रीले अझ बढी नम्रताका साथ येशूलाई बिन्ती गरिरहिन् । ती स्त्रीले "हो, प्रभु, तर कुकुरहरूले पनि त आफ्ना मालिकको टेबिलबाट झरेका टुक्राटाक्री खान्छन्" भनी येशूलाई उत्तर दिइन् । तत्पश्चात् येशू ती स्त्रीको विश्वासदेखि निकै खुशी हुनुभयो र तुरुन्तै तिनकी भूत लागे की छोरीलाई निको पार्नुभयो ।

यसरी, यदि हामी चङ्गाइ र उत्तर प्राप्त गर्न चाहन्छौं भने, हामीले अन्तसम्मै हाम्रो विश्वास प्रकट गर्नु पर्दछ । यसबाहेक, यदि तपाईंसित उहाँबाट उत्तर प्राप्त गर्ने

विश्वास छ भने, तपाईं आफैं नै शारीरिक रूपमा पनि परमेश्वरको सामु आउनु पर्दछ।

निश्चय नै, परमेश्वरको शक्ति मानमिन केन्द्रीय चर्चमा महान् तवरले प्रकट भएको कारण, मैले प्रार्थना गरेको रूमालद्वारा वा फोटोहरूमाथि प्रार्थना गर्दा चङ्गाइ प्राप्त गर्न सम्भव छ। तरैपनि, त्यो बिरामी व्यक्ति अति नै गम्भीर अवस्थामा वा विदेशमा भएको परिस्थितिमा बाहेक, ऊ स्वयम् नै परमेश्वरको सामु आउनुपर्दछ। परमेश्वको वचन सुनेपछि र विश्वास प्राप्त गरेपछि मात्रै मानिसले परमेश्वरको शक्ति अनुभव गर्न सक्दछ। थपअझ, यदि त्यो व्यक्ति सुस्त मनस्थितिको छ वा उसलाई भूतात्माले सताएको छ र त्यसैले आफै विश्वासद्वारा ऊ परमेश्वरको सामु आउन सक्दैन भने, तब सिरियाली फोनिसियादेखि आएकी ती स्त्री जस्तै, उसका आमाबाबु वा परिवारका सदस्यहरू प्रेम र विश्वासका साथ उसको तर्फबाट परमेश्वर सामु आउनुपर्दछ।

यसका अतिरिक्त, विश्वासका अझ धेरै प्रमाणहरू छन्। उदाहरणको लागि, उत्तरहरू प्राप्त गर्न सक्ने विश्वास भएको व्यक्तिको मुहारमा सधैं आनन्द र कृतज्ञता देखिन्छ। मर्कूस ११:२४ मा येशूले हामीलाई भन्नुभएको छ, "यसकारण म तिमीहरूलाई भन्दछु, तिमीहरूले प्रार्थनामा जेसुकै माग्छौ सो पाएका छौं भन्ने विश्वास राख, र त्यो तिमीहरूको हुनेछ।" यदि तपाईंमा साँचो विश्वास छ भने, तपाईं हरसमय केवल खुशी र कृतज्ञ रहनुहुनेछ। यसबाहेक, यदि तपाईं परमेश्वरमा विश्वास गर्छु भनी दाबी गर्नुहुन्छ भने, तपाईंले उहाँको वचन पालन गर्नुहुनेछ अनि वचन अनुसार जिउनु हुनेछ। परमेश्वर ज्योति हुनु भएको कारण, तपाईंले ज्योतिमा हिँड्न र परिवर्तन हुन प्रयास गर्नुहुनेछ।

परमेश्वर हाम्रो विश्वासका कार्यहरूमा खुसी बन्नुहुन्छ र हाम्रा हृदयका चाहनाहरूको उत्तर दिनुहुन्छ। के तपाईंमा परमेश्वरले मान्यता दिनुहुने खालको

विश्वास छ त ?

हिब्रू ११:६ मा हामीलाई स्मरण गराइएको छ कि, "विश्वासविना परमेश्वरलाई प्रसन्न पार्नु असम्भव छ । किनकि जो परमेश्वरको नजीक आाउँछ, त्यसले परमेश्वर हुनुहुन्छ र उहाँलाई खोज्नेहरूलाई उहाँले प्रतिफल दिनुहुन्छ भन्ने पक्का विश्वास गर्नुपर्छ ।"

परमेश्वरमा विश्वास गर्नु भनेको के हो भन्ने कुरालाई ठीकसित बुझेर र आफ्नो विश्वासलाई प्रकट गरेर, तपाईंहरू हरेकले उहाँलाई खुशी तुल्याउनु भएको होस्, उहाँको शक्ति अनुभव गर्नुभएको होस् र आशिषित् जीवन बिताउनु भएको होस् भनी हाम्रा प्रभु येशू ख्रीष्टको नाउँमा म प्रार्थना गर्दछु !

अध्याय २

प्रभुमा विश्वास गर्नको लागि

यसकारण यतिका साक्षीहरूको
ठूलो बादलले हामीलाई घेरिराखेको हुनाले
हरकिसिमका बोझ्का र हामीलाई सजिलैसित अल्झाउने पापलाई
पन्छाएर हाम्रा सामुन्ने राखिदिएको दौड धैर्यसाथ दौडौं ।
हाम्रा विश्वास शुरू गर्नुहुने र पूरा गर्नुहुने येशूलाई हेरौं,
जसले उहाँको सामुन्ने राखिदिएका आनन्दको निम्ति
अपमानलाई केही जस्तो नठानी क्रूसको कष्ट भोग्नुभयो,
र परमेश्वरको सिंहासनको दाहिनेपट्टि विराजमान हुनुहुन्छ

(हिब्रू १२:१-२) ।

आज धेरै मानिसहरूले "येशू ख्रीष्ट" को नाम सुनेका छन् । तरैपनि, अचम्म लाग्दो कुरा के छ भने मानिसहरूको एउटा ठूलो जमातलाई येशू किन मानवजातिको एक मात्र मुक्तिदाता हुनुहुन्छ वा केवल येशू ख्रीष्टमा विश्वास गर्दा मात्र हामीले किन मुक्ति प्राप्त गर्दछौं भन्ने कुरा थाहा छैन । अझ सबैभन्दा दुःखको कुरा के हो भने, माथिका यी प्रश्नहरू मुक्तिसित प्रत्यक्ष रूपमा सम्बन्धित भएतापनि कतिपय इसाईहरू पनि यस्ता प्रश्नहरूको उत्तर दिन असमर्थ छन् । यसको अर्थ यो हो कि इसाईहरूले यस्ता प्रश्नहरूको आत्मिक महत्वलाई राम्रोसित नबुझीकनै ख्रीष्टमा आफ्नो जीवन जिइरहनु भएको छ ।

त्यसैले, किन येशू मात्र हाम्रो मुक्तिदाता हुनुहुन्छ र उहाँलाई ग्रहण गर्नु र विश्वास गर्नु भनेको के हो भन्ने कुरा हामीले सही तवरले जानेर बुझेपछि, र साँचो विश्वास प्राप्त गरेपछि मात्र हामी परमेश्वरको शक्ति अनुभव गर्न सक्दछौं ।

कतिपय मानिसहरूले येशूलाई चार महान् सन्तहरूमध्ये एकको रूपमा लिँदछन् । कतिले उहाँलाई केवल ख्रिष्टियन धर्मको संस्थापकको रूपमा, वा आफ्नो जीवनकालमा धेरै असल काम गर्ने एक विशाल हृदय भएको मानिसको रूपमा लिँदछन् ।

तथापि, हामी परमेश्वरका छोराछोरीहरूले, येशू सबै मानिसहरूलाई तिनीहरूका पापदेखि उद्धार गर्नुहुने सम्पूर्ण मानवजातिको मुक्तिदाता हुनुहुन्छ भनेर स्वीकार गर्न सक्नु पर्दछ । केवल एक प्राणीको रूपमा सृष्टि गरिएका मानवजातिलाई हामी कसरी परमेश्वरको एकमात्र पुत्र येशू ख्रीष्टसँग तुलना गर्न सक्छौं ? येशूकै समयमा पनि मानिसहरूले उहाँलाई विभिन्न दृष्टिकोणबाट हेर्ने गरेको हामी पाउँदछौं ।

सृष्टिकर्ता परमेश्वरको पुत्र, मुक्तिदाता

मत्ती १६ अध्यायमा एउटा दृश्य छ जसमा येशूले आफ्ना चेलाहरूलाई सोध्नुभयो,"मानिसहरूले मानिसको पुत्रलाई को हो भनी भन्छन् ?" (पद १३) । विभिन्न मानिसहरूको प्रतिक्रिया सुनाउँदै चेलाहरूले उहाँलाई यसो भनी उत्तर दिनुभयो, "कसैले बप्तिस्मा दिने यूहन्ना, कसैले एलिया, र कसैले यर्मिया वा अगमवक्ताहरूमध्ये कुनै एक जना हुन् भनी भन्दछन्" (पद १४) । त्यसपछि येशूले आफ्ना चेलाहरूलाई सोध्नुभयो, "तिमीहरू के भन्छौ म को हुँ ?" (पद १५) । जब पत्रुसले "तपाईं ख्रीष्ट हुनुहुन्छ, जीवित परमेश्वरको पुत्र" भनी उत्तर दिनुभयो (पद १६) तब येशूले उहाँलाई भन्नुभयो, "योनाको छोरो सिमोन, तिमी धन्य हौ । किनभने मानिसबाट तिमीलाई यो प्रकट भएको होइन, तर स्वर्गमा हुनुहुने मेरा पिताले प्रकट गर्नु भएको हो" (पद १७) । येशूले प्रकट गर्नुभएका परमेश्वरको शक्तिका अनगिन्ती कार्यहरूद्वारा, उहाँ सृष्टिकर्ता परमेश्वरको पुत्र र मानवजातिको मुक्तिदाता ख्रीष्ट हुनुहुन्छ भन्ने निश्चयता पत्रुसमा थियो ।

शुरुमा, परमेश्वरले मानिसलाई आफ्नै स्वरूपमा माटोबाट सृष्टि गर्नुभयो, र उहाँलाई अदनको बँगैचामा लग्नुभयो । बगैंचामा जीवनको रूख र असल र खराबको ज्ञान दिने रूख थियो, अनि परमेश्वरले पहिलो मानिस आदमलाई यसो भनी आज्ञा दिनुभयो, "बगैंचाका सबै रूखका फल तैंले सङ्कोच नमानी खाए हुन्छ, तर असल र खराबको ज्ञान दिने रूखको फलचाहिँ नखानू, किनभने जुन दिन तैंले त्यो खान्छस् तँ निश्चय नै मर्नेछस्" (उत्पत्ति २:१६-१७) ।

लामो समय बितिसके पछि, पहिलो पुरुष र स्त्री, आदम र हव्वा शैतानद्वारा

उक्साइएको सर्पको प्रलोभनमा पर्नुभयो र उहाँहरूले परमेश्वरको आज्ञा उल्लंघन गर्नुभयो । अन्तमा, उहाँहरूले असल र खराबको ज्ञान दिने रूखको खानुभयो र अदनको बँगैचादेखि बाहिर धपाइनुभयो । उहाँहरूका कार्यहरूको फलस्वरूप, आदम र हव्वाका सन्तानहरूमा उहाँहरूको पाप स्वभाव सरेर जान थल्यो । थपअझ, परमेश्वर ले आदमलाई "तँ निश्चय नै मर्नेछस्" भनी भन्नुभएकोले, उहाँका सबै सन्तानहरूका आत्माहरू अनन्त मृत्युको बाटोमा गए ।

त्यसैले, समयको शुरुवातभन्दा अघि नै, परमेश्वरले मुक्तिको बाटो तयार गर्नुभएको थियो, जो सृष्टिकर्ता परमेश्वरको पुत्र येशू ख्रीष्ट हुनुहुन्थ्यो । प्रेरित ४:१२ मा, "अरू कसैमा मुक्ति छैन, किनकि हामीले मुक्ति पाउनलाई स्वर्गमुनि मानिसहरूमा अर्को कुनै नाउँ दिइएको छैन" भनी भनिएझैं येशू ख्रीष्ट बाहेक इतिहासमा कोही पनि मानवजातिको मुक्तिदाता बन्न योग्य छैन ।

समय शुरु हुनुभन्दा अघिदेखि नै
गुप्तमा रहेको परमेश्वरको प्रबन्ध

१ कोरिन्थी २:६-७ ले हामीलाई भन्दछ, "तापनि परिपक्व भएकाहरूका बीचमा हामी बुद्धिको प्रचार गर्दछौं, तर यस युगको बुद्धि होइन, नता यस युगका शासकहरूको बुद्धि, जो निश्चय बितिजानेछ । तर हामी परमेश्वरको गुप्त र लुकेको बुद्धिको प्रचार गर्दछौं, जो युग-युगअघि हाम्रो महिमाको निम्ति परमेश्वरले नियुक्त गरिदिनुभयो ।" १ कोरिन्थी २:८-९ ले हामीलाई यसरी स्मरण गराउँदछ, "यस युगका कुनै पनि शासकहरूले त्यो कुरा बुझेनन् । तिनीहरूले बुझेका भएदेखि महिमाका प्रभुलाई

क्रूसमा टाँग्ने नै थिएनन् । तर यसो लेखिएको छ, आँखाले नदेखेका र कानले नसुनेका र मानिसले मनमा नसोचेका, यी नै कुरा परमेश्वरले उहाँलाई प्रेम गर्नेहरूका निम्ति तयार पार्नुभएको छ ।"

समय शुरु हुनुभन्दा अघि देखि नै परमेश्वरले मानवजातिको निम्ति तयार गरि दिनुभएको मुक्तिको बाटो येशू ख्रीष्टद्वारा उपलब्ध क्रूसको बाटो हो भनी हामीले बुझ्नु पर्दछ, र यो नै गुप्तमा रहेको परमेश्वरको बुद्धि हो ।

सृष्टिकर्ताको रूपमा, परमेश्वरले ब्रह्माण्डका सबै थोकहरूमाथि सधैं शासन गर्नुहुन्छ र मानवजातिको इतिहासलाई नियन्त्रण गर्नुहुन्छ । राजा वा राष्ट्रपतिले आफ्नो देशको कानून अनुसार नै त्यो ठाउँमा राज्य गर्दछन्, कम्पनीको प्रमुख कार्यकारी अधिकृतले आफ्नो कम्पनीको नियमानुसार नै कम्पनीको रेखदेख गर्दछन्, र परिवारको मुख्य व्यक्तिले पारिवारिक मूल्यमान्यता अनुसार नै आफ्नो परिवारको हेरचाह गर्दछन् । त्यसैगरी, परमेश्वर ब्रह्माण्डका सबै कुराहरूको मालिक हुनुभएतापनि, उहाँले सधैं बाइबलमा रहेको आत्मिक राज्यको व्यवस्थाअनुसार नै सबै कुराहरूलाई नियन्त्रण गर्नु हुन्छ ।

आत्मिक राज्यको व्यवस्थामा, "पापको ज्याला मृत्यु हो" (रोमी ६:२३) भन्ने नियम छ, जुन नियमानुसार दोषीले दण्ड पाउँदछ र त्यहाँ अर्को नियम पनि छ जसले हामीलाई हाम्रा पापहरूबाट मुक्त पनि गर्नसक्छ । त्यसैले, आदमको अनाज्ञाकारिताको कारणले गर्दा शत्रु दियाबलसलाई हस्तान्तरण भएको अख्तियारलाई पुनर्स्थापित गर्नको लागि परमेश्वरले हामीलाई हाम्रा पापहरूबाट मुक्त गराउने नियम लागू गर्नुभयो ।

मानवजातिलाई मुक्ति दिलाउने र पहिलो मानिस आदमले शत्रु दियाबलसलाई हस्तान्तरण गर्नुभएको अख्तियारलाई पुनर्स्थापित गर्ने नियम के थियो त ? "भूमिको

छुटकाराको व्यवस्था" अनुसार, परमेश्वरले समयको शुरुवातभन्दा अघि नै मानवजातिको लागि मुक्तिको मार्ग तयार गरिदिनु भएको थियो ।

भूमिको छुटकाराको व्यवस्था अनुसार येशू ख्रीष्ट योग्य हुनुहुन्छ

परमेश्वरले इस्राएलीहरूलाई "भूमिको छुटकाराको व्यवस्था" दिनुभयो जसमा यसर ी उल्लेख गरिएको थियो : जमीन सधैँको निम्ति बेच्नु हुँदैन ; यदि गरीबीले गर्दा कसैले आफ्नो जमीन बेच्यो भने, त्यस जमीनमा उसको स्वामित्व पुनर्स्थापित गर्नको लागि उसको नजीकको नातेदार वा ऊ स्वयम्ले त्यो बेचिएको जमीन किन्न सक्छ (लेवी २५:२३-२८) ।

आदमले परमेश्वरबाट पाउनुभएको अख्तियार आफ्नो अनाज्ञाकारिताद्वारा दियाबलसलाई हस्तान्तरण गर्नुहुनेछ भनी परमेश्वरलाई पहिल्यै थाहा थियो । यसबाहे क, ब्रह्माण्डका सबै कुराहरूको वास्तविक र मूल मालिक, परमेश्वरले आत्मिक र ाज्यको नियमअनुसार एक पटक आदमले प्राप्त गर्नुभएको अख्तियार र महिमा दियाबलसलाई हस्तान्तरण हुन दिनुभयो । त्यसैले लूका ४ मा जब दियाबलसले ये शूलाई संसारका सबै राज्यहरू देखाएर परीक्षा गऱ्यो तब त्यसले उहाँलाई यसो भन्यो, "म यो सारा अधिकार र यिनको गौरव तपाईंलाई दिनेछु, किनभने यी सबै मलाई सुम्पिएका छन्, र म जसलाई इच्छा गर्दछु, त्यसलाई दिँदछु । तपाईंले मलाई दण्डवत् गर्नुभयो भने यी सबै तपाईंका हुनेछन्" (लूका ४:६-७) ।

भूमिको छुटकाराको व्यवस्था अनुसार, सबै जमीन परमेश्वरको हो । त्यसैले गर्दा, मानिसले जमीनलाई कहिल्यै पनि स्थायी रूपमा बेच्न सक्दैन र उचित योग्यता भएको व्यक्ति देखा परेको खण्डमा, त्यो बेचिएको जमीन त्यस व्यक्तिलाई फेरि निखन्न दिनुपर्दछ । त्यसै गरी, ब्रह्माण्डका सबै कुराहरू परमेश्वरका हुन्, त्यसैले न ता आदमले स्थायी रूपमा तिनलाई "बेच्न" सक्नुहुन्थ्यो न दियाबलसले त्यसलाई स्थायी रूपमा आफूसित राख्न नै सक्थ्यो । त्यसैले, आदमले गुमाउनु भएको अख्तियारलाई निखन्न सक्ने योग्य व्यक्ति देखा पर्नुहुँदा, आदमबाट आफूले पाएको अख्तियारलाई फिर्ता गर्नु बाहेक शत्रु दियाबलससित अरू कुनै विकल्प थिएन ।

समयको शुरुवात अघि नै, न्यायको परमेश्वरले भूमिको छुटकाराको व्यवस्था अनुसार एक योग्य र निर्दोष व्यक्ति तयार गरिदिनु भएको थियो, र मानवजातिको लागि त्यो मुक्तिको मार्ग येशू ख्रीष्ट हुनुहुन्छ ।

तब भूमिको छुटकाराको व्यवस्था अनुसार, येशू ख्रीष्टले शत्रु दियाबलसमा हस्तान्तरण भएको अख्तियारलाई कसरी निखन्न सक्नुभयो त ? येशूले निम्नलिखित चार योग्यताहरू पूरा गर्नुभएको खण्डमा मात्र, उहाँले सबै मानिसहरूलाई तिनीहरूका पापहरूबाट मुक्ति दिन सक्नुहुन्थ्यो र शत्रु दियाबलसमा हस्तान्तरण भएको अख्तियार लाई निखन्न सक्नुहुन्थ्यो ।

पहिलो, मुक्तिदाता आदमको "नजिकको नातेदार", मानिस नै हुनुपर्दछ ।

लेवी २५:२५ले हामीलाई भन्दछ, "यदि गरीबीले गर्दा छिमेकीहरूमध्ये कसैले आफ्नो जग्गाजमीनको कुनै हिस्सा बेच्नुपर्‍यो भने, त्यसको नजीकको आफन्त आएर त्यो निखनोस् ।" "नजीकको नातेदार" ले जमीन निखन्न सक्ने हुनाले आदमले समर्पण

गर्नुभएको अख्तियार पुनर्स्थापित गर्ने "नजिकको नातेदार" एक मानिस नै हुनुपर्छ । १ कोरिन्थी १५:२१-२२ मा यसो भनिएको छ, "किनकि जसरी मानिसबाट मृत्यु आयो, त्यसरी नै मृतकहरूको पुनरुत्थान पनि मानिसबाट नै आयो । किनकि जसरी आदममा सबै मर्दछन्, त्यसै गरी ख्रीष्टमा सबै जीवित पारिनेछन् ।" अर्को शब्दमा, जसरी एउटा मानिसको अनाज्ञाकारिताको कारणले गर्दा मृत्यु आयो, त्यसरी नै मृतकहरूको पुनरुत्थान पनि एउटा मानिसबाट नै आउनु पर्दथ्यो ।

येशू ख्रीष्ट "देहधारी हुनुभएको वचन हुनुहुन्छ" र उहाँ यस पृथ्वीमा आउनुभयो (यूहन्ना १:१४) । उहाँ दुवै ईश्वरीय र मानवीय स्वभावका साथ शरीरमा जन्मनु भएको परमेश्वरको पुत्र हुनुहुन्छ । यसबाहेक, येशू यस संसारमा मानिसको रूपमा आउनुभएको तथ्यलाई प्रमाणित गर्ने अकाट्य प्रमाण इतिहासमा पनि पाइन्छ । विशेषगरी मानव इतिहास "बि.सी" अर्थात् "ईशापूर्व" र "ए.डी" अर्थात् "ईश्वी सम्वत्" मा बाँडिएको छ । "ए.डी" ले "एन्नो डोमिनी" लाई जनाउँदछ, जसको अर्थ ल्याटिन भाषामा "हाम्रो प्रभुको समयमा" भन्ने हुन्छ ।

येशू ख्रीष्ट देहधारी हुनुभएर पृथ्वीमा आउनु भएकोले, उहाँ आदमको "नजीकको नातेदार" हुनुहुन्छ र यसरी उहाँले पहिलो योग्यतालाई पूरा गर्नुहुन्छ ।

दोस्रो, मुक्तिदाता आदमको सन्तान हुनु हुँदैन ।

मानवजातिलाई तिनीहरूका पापहरूबाट मुक्ति दिने व्यक्तिमा कुनै पाप हुनु हुँदैन । आफ्नो अनाज्ञाकारिताको कारणले पापी हुनुभएको आदमका सबै सन्तानहरू पापी हुन् । त्यसैले, भूमिको छुटकाराको व्यवस्था अनुसार, मुक्तिदाता आदमको सन्तान हुनु हुँदैन ।

प्रकाश ५:१-३ मा यस्तो लेखिएको छ :

सिंहासनमा विराजमान हुनुहुनेको दाहिने बाहुलीमा भित्र र बाहिरपट्टि लेखिएको चर्मपत्रको मुट्ठो मैले देखें, जो सातओटा मोहोर लगाएर बन्द गरिएको थियो । अनि एउटा बलवान् स्वर्गदूतलाई ठूलो आवाजले यसो भनिरहेको मैले देखें, 'यो मुट्ठो खोल्न र यसका मोहोरहरू तोड्न योग्य को छ ?' स्वर्गमा अथवा पृथ्वीमा वा पृथ्वीमुनि यो चर्मपत्रको मुट्ठो खोल्न वा त्यसभित्र हेर्न सक्ने कोही थिएन ।

यहाँ, "सातवटा मोहर लगाएर बन्द गरिएको" पुस्तकले आदमको अनाज्ञाकारिता पछि परमेश्वर र दियाबलसबीचको एक अनुबन्धलाई जनाउँदछ र "पुस्तक खोल्ने र त्यसका छापहरू तोड्न योग्य" व्यक्तिचाहिँ भूमिको छुटकाराको व्यवस्था अनुसार योग्य हुनुपर्दछ । जब प्रेरित यूहन्नाले पुस्तक खोल्ने र त्यसका छापहरू तोड्न सक्ने कोही छ कि भनी वरिपरि हेर्नुभयो, तब उहाँले कसैलाई पनि भेट्टाउन सक्नुभएन ।

यूहन्नाले स्वर्गमा हेर्नुभयो र त्यहाँ स्वर्गदूतहरू मात्र हुनुहुन्थ्यो, तर कुनै मानिस त्यहाँ थिएन । उहाँले पृथ्वीमा हेर्नुभयो र पापले भरिएका आदमका सन्तानहरू मात्र देख्नुभयो । उहाँले पृथ्वीमुनि हेर्नुभयो जहाँ नरक जान निर्दिष्ट भएका पापीहरू र दियाबलसको अधीनमा रहेका आत्माहरूलाई मात्र देख्नुभयो । भूमिको छुटकाराको व्यवस्था अनुसार कोही पनि योग्य नभेटिएकोले यूहन्ना रुनुभयो (पद ४) ।

त्यसपछि, एकजना धर्मगुरुले यूहन्नालाई सान्त्वना दिदैं यसो भन्नुभयो, "नरोऊ । हेर येहूदाका कुलको सिंह, दाऊदको मूल यो मुट्ठो र यी सातओटा मोहरहरू खोल्न

विजयी हुनुभएको छ" (पद५) । यहाँ, "यहूदाका कुलको सिंह, दाऊदको मूल" ले येशूलाई जनाउँदछ, जो यहूदाको कुल र दाऊदको घरानाको हुनुहुन्थ्यो; भूमिको छुटकाराको व्यवस्था अनुसार येशू ख्रीष्ट मुक्तिदाता हुन योग्य हुनुहुन्छ ।

मत्ती १:१८-२१ मा, हाम्रा प्रभुको जन्मको बारेमा हामी एक विस्तृत विवरण पाउँदछौं :

> येशू ख्रीष्टको जन्म यस प्रकारले भयो : उहाँकी आमा मरियमको मगनी योसेफसँग भएको थियो, तर उनीहरूको विवाह हुनु अघि मरियम पवित्र आत्माद्वारा गर्भवती भएकी थाहा भयो । तर तिनका पति योसेफ धार्मिक मानिस भएका हुनाले, तिनलाई शर्ममा पार्ने इच्छा नगरी तिनलाई गुप्तमै त्याग्ने इच्छा गरे । तर जब उनले यी कुरा विचार गर्दैथिए, सपनामा परमप्रभुका दूत देखा परे, र उनलाई यसो भने, 'योसेफ, दाऊदका छोरा, तिम्री पत्नी मयिमलाई स्वीकार गर्न नडराऊ, किनभने जो तिनको गर्भमा हुनुहुन्छ, उहाँ पवित्र आत्माबाट हुनुहुन्छ । तिनले एउटा पुत्र जन्माउनेछिन्, र तिमीले उहाँको नाउँ येशू राख्नेछौ किनभने उहाँले आफ्ना मानिसहरूलाई तिनीहरूका पापबाट बचाउनुहुनेछ ।'

मुक्तिदाता मानिस हुनुपर्ने तर आदमको सन्तान हुन नहुने भूमिको छुटकाराको व्यवस्थामा रहेको प्रबन्ध अनुसार योग्य हुनका लागि परमेश्वरको एक मात्र पुत्र येशू ख्रीष्ट कन्या मरियमको गर्भद्वारा यस पृथ्वीमा देहधारी भई आउनु भयो (यूहन्ना १:१४) ।

तेश्रो, मुक्तिदातामा शक्ति हुनुपर्दछ ।

मानौं कान्छो भाइले गरीबीको कारण आफ्नो भूमि बेच्नु पऱ्यो र उसको दाइले आफ्नो भाइको लागि त्यो भूमि निखनिदिन चाहन्छ । त्यसोभए, उसको जमीन निखनिदिन दाइसँग पर्याप्त साधन हुनुपर्दछ (लेवी २५:२६) । त्यसैगरी कान्छो भाइको धेरै ऋण छ र उसको दाजुले आफ्नो भाइको ऋण तिरी दिन चाहन्छ भने त्यसको लागि ऊसँग असल अभिप्रायका साथै "पर्याप्त साधन" पनि हुनुपर्दछ ।

त्यसैगरी, एक पापी मानिसलाई धार्मिक मानिसमा परिवर्तन गर्न "पर्याप्त साधन" वा शक्ति चाहिन्छ । यहाँ, भूमिलाई निखन्ने शक्तिले सबै मानिसहरूलाई तिनीहरूका पापहरूदेखि मुक्त गर्न सक्ने शक्तिलाई बुझाउँदछ । अर्को शब्दमा भन्नुपर्दा, भूमिको छुटकाराको व्यवस्थाअनुसार सबै मानिसहरूको मुक्तिदाता हुनलाई योग्य मानिसमा कुनै पनि पाप हुनुहुँदैन ।

येशू ख्रीष्ट आदमको सन्तान नहुनुभएकोले गर्दा, उहाँमा कुनै मौलिक पाप थिएन । पृथ्वीमा ३३ वर्षको जीवनावधिको क्रममा उहाँले सबै व्यवस्था पालन गर्नु भएको थियो, त्यसैले उहाँले कुनै पाप गर्नु भएको थिएन । जन्मेको आठौं दिनमा उहाँको खतना भएको थियो र उहाँको तीन वर्षे सेवकाइको समयभन्दा अघि पनि येशूले आफ्ना आमाबाबुका आज्ञाहरू पूर्णरूपले पालना गर्नुभयो र उहाँहरूलाई अत्यन्तै प्रेम गर्नुभयो अनि भक्तिपूर्वक सबै व्यवस्था पालना गर्नुभयो ।

त्यसैले हिब्रू ७:२६ ले हामीलाई भन्दछ, "किनकि यो उचित थियो कि हाम्रा लागि यस्ता एक जना प्रधान पूजाहारी हुनुपर्दछ, जो पवित्र, दोषरहित, निष्कलङ्क, पापीहरूबाट अलग र स्वर्गभन्दा पनि माथि उचालिएका हुनुहुन्छ ।"

त्यस्तै १ पत्रुस २:२२-२३ मा हामी यसो लेखिएको पाउँदछौं, "(येशूले) कुनै पाप गर्नुभएन, र उहाँको मुखमा कुनै छलको कुरा पाइएन । तिनीहरूले उहाँलाई अपमान

गर्दा उहाँले साटो फेर्नुभएन । दुःख भोग्नुहुँदा उहाँले धम्की दिनुभएन । तर उचित न्याय गर्नुहुनेमाथि उहाँले भरोसा राख्नुभयो ।"

चौथो, मुक्तिदातामा प्रेम हुनुपर्दछ ।

भूमिको छुटकाराको व्यवस्था पूरा गर्नको लागि, माथिका यी तीन शर्तहरूका साथै, प्रेम पनि आवश्यक छ । आफ्नो भाइको लागि जमीन निखनिदिन सक्ने क्षमता दाइमा भएतापनि यदि उसमा प्रेम छैन भने उसले आफ्नो भाइको लागि जमीन निखनिदिन सक्दैन । यदि त्यो दाइ त्यस ठाउँको सबैभन्दा धनी मानिस हो र उसको भाइको ऋण अति धेरै छ भनेतापनि, दाइमा प्रेम छैन भने उसले भाइलाई मद्दत गर्न सक्दैन । यस्तो अवस्थामा, दाइको शक्ति र धनले कान्छो भाइलाई के लाभ हुन्छ र ?

रूथको पुस्तक अध्याय ४ मा बोअजको कथा छ, जसलाई रूथको सासू नाओमीको अवस्थाको बारेमा राम्ररी थाहा थियो । बोअजले "नजीकको नातेदार-उद्धारक" लाई नाओमीको उत्तराधिकार निखनिदिन आग्रह गर्नुहुँदा, ती नजीकको नातेदार-उद्धारकले यसो भने, "म आफै यो काम गर्न सक्दिनँ, किनभने मेरो आफ्नै पैतृक-सम्पत्ति गुमाउने मलाई डर छ । यसर्थ मैले गर्नुपर्ने नजीकको नातेदारको काम तपाईंले गर्नुहोला । म यो काम गर्न सक्दिनँ" (पद ६) । तब बोअजले, आफ्नो प्रशस्त प्रेममा, नाओमीको जमीन निखनिदिनु भयो । त्यसपछि, बोअजले दाऊदको पुर्खा हुने महान् आशिष् प्राप्त गर्नुभयो ।

यस संसारमा देहधारी हुनुभएर आउनुभएको येशू, आदमको सन्तान हुनुहुन्नथ्यो किनभने उहाँ पवित्र आत्माद्वारा गर्भधारण हुनुभएको थियो, र उहाँले कुनै पाप गर्नुभएको थिएन । तसर्थ, हामीलाई उद्धार गर्ने "पर्याप्त साधन" उहाँसित थियो । यदि

येशूमा प्रेम नभएको भए, उहाँले क्रूसिकरणको पीडा सहन सक्नु हुने थिएन । तर, येशूमा यति धेरै प्रेम थियो कि उहाँ आफैले सृष्टि गर्नुभएका प्राणीहरूद्वारा क्रूसमा पुऱ्याइनु भयो, आफ्नो सबै रगत बहाउनुभयो, र मुक्तिको मार्ग खोल्नुभएर मानवजातिलाई छुटकारा दिनुभयो । यो हाम्रो पिता परमेश्वरको अथाह प्रेम र मृत्युको मुखसम्मै आज्ञाकारी हुनुहुने येशूको बलिदानको परिणाम हो ।

येशूलाई रूखमा झुण्डचाइनुको कारण

येशूलाई किन काठको क्रूसमा झुण्डचाइयो त ? योचाहिँ, "हाम्रा निम्ति सराप बनेर ख्रीष्टले हामीलाई व्यवस्थाको सरापबाट मोल तिरेर छुटाउनुभयो, किनकि 'काठमा झुण्डिने हरेक श्रापित हुन्छ' भन्ने लेखिएको छ" (गलाती ३:१३) भन्ने आत्मिक राज्यको नियमलाई पूरा गर्नको लागि थियो । हामी पापीहरूलाई "व्यवस्थाको सरापबाट" उद्धार गर्नको लागि येशू हाम्रो साटो रूखमा झुण्डचाइनु भयो ।

लेवी १७:११ ले हामीलाई भन्दछ, "किनकि जीवधारीको प्राण त्यसको रगतमा हुन्छ । मैले रगतचाहिँ वेदीमा तिमीहरूको निम्ति प्रायश्चित गर्नलाई दिएको छु, किनभने रगतद्वारा नै मानिसका जीवनको निम्ति प्रायश्चित गरिन्छ।" त्यस्तै, हिब्रू ९:२२ ले भन्दछ, "वास्तवमा, व्यवस्थाअनुसार रगतले प्रायः सब थोक शुद्ध पार्दछ, र रगत नबगाईकन पापको क्षमा हुनै सक्दैन ।" रगत जीवन हो किनभने रगत नबगाई "कुनै पनि पापको क्षमा" हुँदैन । हामीले जीवन पाउन सकौं भनेर येशूले आफ्नो निर्दोष र बहुमूल्य रगत बहाउनुभयो ।

यसबाहेक, क्रूसमा उहाँले भोग्नु भएको कष्टद्वारा विश्वासीहरू रोगबिमार,

दुर्बलता, गरीबी र यस्तै अरू श्रापहरूबाट मुक्त हुन्छन् । येशूले यस पृथ्वीमा गरीबीमा जीवन बिताउनु भएर, उहाँले हामीलाई हाम्रो गरीबीबाट छुटकारा दिनुभएको छ । येशूको कोर्राको चोटबाट, हामी हाम्रा सबै रोगहरूबाट मुक्त भएका छौं । येशूले काँडाको मुकुट लगाउनु भएर, उहाँले हामीलाई हाम्रो सोचाइहरूद्वारा हामीले गर्ने पापहरूबाट मुक्त गर्नुभएको छ । येशूले आफ्ना हात र खुट्टामा किलाको चोट सहनुभएर हामीले हाम्रो हात र खुट्टाहरूद्वारा गर्ने सबै पापहरूबाट हामीलाई उद्धार गर्नुभएको छ ।

प्रभुलाई विश्वास गर्नु भनेको सत्यतामा परिवर्तन हुनु हो

क्रूसको प्रबन्धलाई साँच्चै बुझ्ने र आफ्नो हृदयको गहिराइदेखि यसमा विश्वास गर्ने मानिसहरूले पापबाट छुटकारा पाउनुभएर परमेश्वरको इच्छा अनुसार जिउनुहुन्छ । येशूले हामीलाई यूहन्ना १४:२३ मा, "जसले मलाई प्रेम गर्छ, त्यसले मेरो वचन पालन गर्नेछ, र मेरा पिताले त्यसलाई प्रेम गर्नुहुनेछ, र हामी त्यसकहाँ आउनेछौं, र त्यससँग वास गर्नेछौं" भनी भन्नुभएझैं यस्ता व्यक्तिहरूले परमेश्वरको प्रेम र आशिष्हरू प्राप्त गर्नुहुनेछ ।

त्यसोभए, किन प्रभुलाई विश्वास गर्छु भनी दाबी गर्ने मानिसहरूले आफ्ना प्रार्थनाहरूका उत्तरहरू प्राप्त नगरी परीक्षा र कष्टहरूको बीचमा जीवन जिउनुहुन्छ त ? यसको कारण यो हो कि परमेश्वरमा विश्वास गर्छु भनी उहाँहरूले भन्नु भएतापनि परमेश्वरले उहाँहरूको विश्वासलाई साँचो विश्वासको रूपमा मान्यता दिनुहुन्न । यसको अर्थ उहाँहरूले परमेश्वरको वचन सुन्नु भएतापनि पापहरू त्याग्नु भएको छैन र सत्यतामा परिवर्तन हुनु भएको छैन ।

उदाहरणको लागि, असंख्य विश्वासीहरूले इसाई जीवनको आधारभूत तत्वको रूपमा रहेको दश आज्ञालाई पालन गर्नु हुन्न । यस्ता मानिसहरूलाई "शबाथलाई याद राख्नू र यसलाई पवित्र राख्नू" भन्ने आज्ञा थाहा हुन्छ । तरैपनि, उहाँहरू केवल बिहानको सेवामा मात्र आउनु हुन्छ वा कुनै पनि आराधना सेवामा उपस्थित नभई प्रभुको दिनमा आफ्नै कामहरू गर्नुहुन्छ । उहाँहरूलाई दशांश दिनुपर्छ भनी थाहा हुन्छ, तर पैसालाई धेरै प्रेम गरेकोले उहाँहरू सम्पूर्ण दशांश दिनुहुन्न । सम्पूर्ण दशांश नदिनु भनेको परमेश्वरलाई "लुट्नु" हो भनी परमेश्वरले हामीलाई भन्नुभएको छ, त्यसै कारण उहाँहरूले कसरी आशिष् र उत्तरहरू प्राप्त गर्न सक्नुहुन्छ त (मलाकी ३:८) ?

कतिपय विश्वासीहरूले अरूको भूल र गल्तीहरूलाई क्षमा गर्नुहुन्न । उहाँहरू क्रोधित बन्नुहुन्छ र खराबी गरेर बदला लिने योजना बनाउनुहुन्छ । केहीले प्रतिज्ञाहरू गर्नुहुन्छ तर बारम्बार तिनलाई तोड्नुहुन्छ, कतिपयले भने सांसारिक मानिसहरूले गरे झैं अरूलाई दोष दिनुहुन्छ र विलाप गर्नुहुन्छ । यस्तो अवस्थामा उहाँहरूसित साँचो विश्वास छ भनी कसरी भन्न सकिन्छ र ?

यदि हामीमा साँचो विश्वास छ भने, हामीले सबै कुरा परमेश्वरको इच्छानुसार गर्न प्रयत्न गर्नुपर्दछ, हर प्रकारको दुष्टताबाट अलग रहनुपर्दछ, र हामी पापीहरूका लागि आफ्नो जीवन नै अर्पण गर्नुहुने हाम्रो प्रभुसित समरूप हुनुपर्दछ । यस्ता मानिसहरूले आफूलाई हेला गर्नेहरू र हानि पुऱ्याउनेहरूलाई क्षमा दिन र प्रेम गर्न सक्नुहुन्छ, र सधैं अरूको सेवा गर्नुहुन्छ र अरूका लागि आफूलाई बलिदान गर्न सक्नुहुन्छ ।

तपाईंले आफ्नो रिसाउने बानीबाट छुटकारा पाउनु भएपछि, तपाईं केवल भलाइ र स्नेहका शब्दहरू मात्र बोल्ने दयालु मानिसमा परिवर्तन हुनुहुनेछ । यदि पहिले तपाईं हरेक क्षणमा केवल गुनासो मात्र गर्नुहुन्थ्यो भने, अब साँचो विश्वासको कारण तपाईं

सबै परिस्थितिहरूमा धन्यवादी हुनुहुनेछ र आफू वरपर भएकाहरूसँग तपाईंले अनुग्रह बाँड्नुहुनेछ ।

यदि हामी प्रभुमा साँच्चै विश्वास गर्दछौं भने, हामी सबै उहाँसित समरूप हुनुपर्दछ र परिवर्तित जीवन जिउनु पर्दछ । यो नै परमेश्वरको उत्तर र आशिष् प्राप्त गर्ने मार्ग हो ।

हिब्रूको पत्र १२:१-२ ले हामीलाई भन्दछ :

> यसकारण यतिका साक्षीहरूको ठूलो बादलले हामीलाई घेरिराखेको हुनाले हरकिसिमका बोझा र हामीलाई सजिलैसित अल्झाउने पापलाई पन्छाएर हाम्रा सामुन्ने राखिदिएको दौड धैर्यसाथ दौडौं । हाम्रा विश्वास शुरू गर्नुहुने र पूरा गर्नुहुने येशूलाई हेरौं, जसले उहाँको सामुन्ने राखिदिएका आनन्दको निम्ति अपमानलाई केही जस्तो नठानी क्रूसको कष्ट भोग्नुभयो, र परमेश्वरको सिंहासनको दाहिनेपट्टि विराजमान हुनुहुन्छ ।

बाइबलमा उल्लेखित विश्वासका थुप्रै पुर्खाहरूका अलावा, हाम्रो वरिपरि हुनुभएका धेरै जना मानिसहरूले हाम्रो प्रभुमा विश्वास गर्नु भएर मुक्ति र आशिषहरू पाउनुभएको छ ।

"साक्षीहरूको एउटा ठूलो बादलझैं" हामी साँचो विश्वास प्राप्त गरौं ! हामीलाई बाधा दिने सबै प्रकारका कुराहरू र हामीलाई सजिलैसित अल्झाउने पापहरूलाई हटाएर हाम्रा प्रभुसित समरूप हुन हामी प्रयास गरौं ! त्यसपछि मात्र येशूले यूहन्ना १५:७ मा, "तिमीहरू ममा रहचौ भने, र मेरा कुरा तिमीहरूमा रहे भने, तिमीहरूलाई जे इच्छा लाग्छ माग, र त्यो तिमीहरूका निम्ति गरिनेछ" भनी हामीसित प्रतिज्ञा

गर्नुभएझैं हामी सबैले उहाँका उत्तरहरू र आशिष्‌हरूले भरिएको जीवन जिउन सक्नेछौं ।

यदि तपाईंहरूले अझै पनि यस्तो जीवन जिउनु भएको छैन भने, आफ्नो जीवनलाई फर्केर हेर्नुहोस्, प्रभुमा सही तवरले विश्वास नगरेकोमा आफ्नो हृदयलाई चिरेर पश्चात्ताप गर्नुहोस् र परमेश्वरको वचनद्वारा मात्रै जिउने दृढसंकल्प गर्नुहोस् ।

तपाईंहरू हरेकले साँचो विश्वास प्राप्त गर्नुभएको होस्, परमेश्वरको शक्ति अनुभव गर्नुभएको होस्, र आफूले पाएका सबै उत्तर र आशिष्‌हरूद्वारा उहाँलाई ठूलो महिमा दिनुभएको होस् भनी म हाम्रा प्रभु येशू ख्रीष्टको नाउँमा प्रार्थना गर्दछु !

अध्याय ३

कुनै पनि रत्नभन्दा बढी सुन्दर भाँडो

ठूलो घरमा सुन र चाँदीका
भाँडाहरू मात्र हुँदैनन्,
तर काठ र माटोका पनि हुन्छन्,
कुनै आदर र कुनै अनादरका निम्ति ।
जे कुरो अनादरको छ, यदि कसैले त्यसबाट आफूलाई शुद्ध पाऱ्यो भने
त्यो आदरका कामको लागि एउटा पात्र बन्नेछ,
र घरका मालिकको निम्ति चोखो, उपयोगी,
र कुनै पनि असल कामको निम्ति तयार रहनेछ

(२ तिमोथी २:२०-२१) ।

साँचो प्रेम बाँड्चूड गर्नको लागि साँचो सन्तान प्राप्त गर्न परमेश्वरले मानवजातिलाई सृष्टि गर्नुभयो। यद्यपि, मानिसहरूले आफ्नो सृष्टिको साँचो उद्देश्यदेखि बरालिएर पाप गरे र शत्रु शैतान अनि दियाबलको दास भए (रोमी ३:२३)। तरैपनि प्रेमको परमेश्वरले, साँचो छोराछोरीहरू प्राप्त गर्ने लक्ष्यलाई परित्याग गर्नुभएन। उहाँले पापको दलदलमा फसेका मानिसहरूका लागि मुक्तिको बाटो खोलिदिनुभयो। सबै मानिसहरूलाई पापदेखि मुक्ति दिनको लागि परमेश्वरले उहाँको एक मात्र पुत्र येशूलाई क्रूसमा झुण्डिन दिनुभयो।

महान् बलिदान सहितको यस अचम्मको प्रेमद्वारा, येशू ख्रीष्टमा विश्वास गर्ने जो कोहीको लागि मुक्तिको बाटो खुलेको छ। येशू मृतकहरूबाट बौरी उठ्नुभयो भनी आफ्नो हृदयमा विश्वास गर्ने र आफ्ना ओठहरूद्वारा येशूलाई आफ्नो मुक्तिदाता स्वीकार गर्ने हरेकलाई परमेश्वरको सन्तान हुने अधिकार दिइन्छ।

परमेश्वरका प्रिय सन्तानहरूलाई "भाँडाहरू" सित तुलना गरिएको छ

२ तिमोथी २:२०-२१ ले भन्दछ, "ठूलो घरमा सुन र चाँदीका भाँडाहरू मात्र हुँदैनन्, तर काठ र माटोका पनि हुन्छन्, कुनै आदर र कुनै अनादरका निम्ति। जे कुरो अनादरको छ, यदि कसैले त्यसबाट आफूलाई शुद्ध पार्‍यो भने त्यो आदरका कामको लागि एउटा पात्र बन्नेछ, र घरका मालिकको निम्ति चोखो, उपयोगी, र कुनै पनि असल कामको निम्ति तयार रहनेछ।" कुनै पनि कुरा वा वस्तुलाई राख्नको लागि

भाँडाको प्रयोग गरिन्छ । परमेश्वरले आफ्ना छोराछोरीहरूलाई “भाँडाहरू” सित तुलना गर्नु भएको छ किनभने उहाँ ती भाँडाहरूमा आफ्नो प्रेम र अनुग्रह, उहाँको सत्य वचनका साथै उहाँको शक्ति र अख्तियार भर्न चाहनु हुन्छ । त्यसैले, हामीले कस्ता प्रकारका भाँडाहरू तयार गरेका छौं त्यसैको आधारमा परमेश्वरले हाम्रो लागि तयार गरी दिनुभएको सबै प्रकारका असल वरदानहरू र आशिष्हरू हामी उपभोग गर्न सक्छौं भनी हामीले बुझ्नु पर्दछ ।

त्यसोभए, परमेश्वरले तयार गरी दिनुभएको सबै प्रकारका आशिष्हरू प्राप्त गर्न मानिसमा कस्तो किसिमको भाँडो हुनु पर्दछ त ? त्यो भाँडो परमेश्वरको दृष्टिमा बहुमूल्य, प्रशंसनीय र सुन्दर ठहरिएको हुनुपर्दछ ।

पहिलो, “बहुमूल्य” भाँडो त्यो हो जसले परमेश्वरले दिनुभएको कर्तव्यलाई सम्पूर्ण रूपमा पूरा गर्दछ । हाम्रो प्रभु येशूको लागि बाटो तयार गर्नुहुने बप्तिस्मा दिने यूहन्ना र मिश्रबाट इस्राएलीहरूलाई निकालेर अगुवाइ गर्नुहुने मोशा यो वर्गमा पर्नुहुन्छ ।

अर्को, “प्रशंसनीय” भाँडो त्यो हो जसमा इमानदारिता, सत्यता, दृढसंकल्प र विश्वस्तता जस्ता सामान्य मानिसहरूमा दुर्लभ रहेका गुणहरू पाइन्छन् । शक्तिशाली देशहरूका प्रधानमन्त्री सरहका पदहरू सम्हाल्नुभएर परमेश्वरलाई ठूलो महिमा दिनु हुने योसेफ र दानियल दुवैजना यो वर्गमा पर्नुहुन्छ ।

अन्तमा, परमेश्वर सामु “सुन्दर” ठहरिने भाँडो त्यो हो जसमा कहिल्यै झगडा नगर्ने वा कचिङ्गल नमच्चाउने तर सत्यतामा रहेर सबै कुराहरूलाई ग्रहण गर्ने र सहने असल हृदय हुन्छ । आफ्ना भाइबन्धुहरूलाई बचाउनु हुने एस्तर र परमेश्वरको

“मित्र” कहलिनु भएको अब्राहाम यो वर्गमा पर्नु हुन्छ ।

“कुनै पनि रत्नभन्दा बढी सुन्दर भाँडो” ले त्यस्तो व्यक्तिलाई जनाउँदछ जसलाई परमेश्वरले बहुमूल्य, प्रशंसनीय र सुन्दर भनी मान्यता दिन सक्नुहुन्छ । रोडाहरूको बीचमा लुकाइएको बहुमूल्य रत्नलाई सजिलैसित चिन्न सकिन्छ । त्यसैगरी, रत्नहरू भन्दा पनि अझ बढी सुन्दर परमेश्वरका सबै जनहरू निश्चय नै सजिलैसित चिन्न सकिन्छ ।

प्रायजसो रत्नहरू तिनका आकारको कारणले गर्दा महंगा हुन्छन् तर तिनको चमक र विभिन्न प्रकारका विशिष्ट रंगहरूले पनि सुन्दरताको खोजी गर्ने मानिसहरूलाई आकर्षित गर्दछन् । तर, सबै चम्किला पत्थरहरू रत्न हुँदैनन् । असली रत्नहरूमा सुन्दर रंग र चमकका, साथै भौतिक घनता हुनुपर्दछ । यहाँ, “भौतिक घनता” ले कुनै पनि वस्तु वा पदार्थको तापलाई सामना गर्ने सामर्थ्य, अन्य पदार्थसित सम्पर्कमा आएतापनि दूषित नहुने र आफ्नो आकारलाई कायम राख्न सक्ने गुणलाई जनाउँदछ । अर्को महत्वपूर्ण तत्व भनेको दुर्लभता हो ।

यदि कुनै भाँडोमा सुन्दर चमक, भौतिक घनता, र दुर्लभता जस्ता गुणहरू छन् भने त्यो भाँडो कति बहुमूल्य, प्रशंसनीय र सुन्दर हुनेछ ? आफ्ना सन्तानहरू कुनै पनि रत्नभन्दा बढी सुन्दर भाँडाहरू बनेर तिनीहरूले आशिषित् जीवन जिऊन् भनी परमेश्वर चाहनुहुन्छ । परमेश्वरले यस्ता भाँडाहरू प्राप्त गर्नु हुँदा उहाँले तिनीहरूमा प्रशस्त मात्रामा उहाँको प्रेमको चिन्ह र आनन्दको भरपूरी प्रदान गर्नुहुन्छ ।

हामी कसरी परमेश्वरको दृष्टिमा रत्नहरू भन्दा पनि बढी सुन्दर भाँडाहरू बन्न

सक्छौं त ?

पहिलो, तपाईंले परमेश्वरको सत्य वचनद्वारा आफ्नो हृदयलाई पवित्र पार्नु पर्दछ ।

भाँडाको मूलभूत उद्देश्य अनुसार यसलाई प्रयोग गर्नको लागि सर्वप्रथम यो सफा हुनुपदर्छ । सुनको महंगो भाँडो भएतापनि यदि त्यसमा दाग र फोहोर लागेको छ भने त्यसलाई प्रयोग गर्न सकिँदैन । त्यस सुनको महंगो भाँडोलाई पानीले धोएपछि मात्र त्यसलाई प्रयोग गर्न सकिन्छ ।

यही नियम परमेश्वरका सन्तानहरूमा पनि लागू हुन्छ । परमेश्वरले आफ्ना छोर ाछोरीहरूका लागि प्रशस्त आशिष्‌हरू र विभिन्न किसिमका वरदानहरू, धन अनि स्वास्थ्यका आशिष्‌हरू इत्यादि तयार गर्नुभएको छ । ती आशिष्‌हरू र वरदानहरू प्राप्त गर्नको लागि हामीले पहिला आफूलाई सफा भाँडाहरूको रूपमा तयार गर्नुपर्दछ ।

यर्मिया १७:९ मा हामी यस्तो पाउँदछौं, “मानिसको हृदय सबै कुराभन्दा छली हुन्छ, र त्यसलाई निको पार्न सकिँदैन । त्यसलाई कसले जान्न सक्छ र ?” त्यस्तै मत्ती १५:१८-१९ मा येशूले यस्तो भन्नुभएको हामी पाउँदछौं, “तर जुन कुराहरू मुखबाट बाहिर आउँछन्, ती हृदयबाट निस्कन्छन्, र तिनैले मानिसलाई अशुद्ध तुल्याउँछन् । किनकि हृदयबाट नै खराब विचार, हत्या, परस्त्रीगमन, व्यभिचार, चोरी, झूटो गवाही र निन्दा बाहिर निस्कन्छन् ।” त्यसैले, हामीले हाम्रो हृदयलाई शुद्ध बनाएपछि मात्र हामी सफा भाँडाहरू बन्न सक्छौं । हामी एक पटक सफा भाँडो बनेपछि, हामीमध्ये कसैले पनि “दुष्ट विचारहरू” सोच्ने, दुष्ट शब्दहरू बोल्ने वा दुष्ट कार्यहरू गर्नेछैनौं ।

हाम्रो हृदयको सफाइ केवल आत्मिक पानीबाट मात्र सम्भव छ, जुन पानी परमेश्वरको वचन हो। त्यसैले एफिसी ५:२६ मा उहाँले हामीलाई भन्नुभएको छ, "यस हेतुले कि उहाँले त्यसलाई पानीले धोएर वचनद्वारा पवित्र पार्न सकून्," र हिब्रू १०:२२ मा उहाँले हामीलाई, "हाम्रा हृदय खराब विवेकबाट छर्कोद्वारा चोख्याइएर र शुद्ध पानीले हाम्रो शरीरलाई धोएर साँचो हृदयले विश्वासको सम्पूर्ण भरोसामा हामी परमेश्वरको समीपमा जाऔं" भनी उत्साह प्रदान गर्नु भएको छ।

त्यसोभए, आत्मिक पानी - परमेश्वरको वचन- ले हामीलाई कसरी शुद्ध पार्दछ ? हामीले बाइबलका ६६ वटा पुस्तकहरूमा पाइने हरेक आज्ञाहरूलाई पालना गर्नु पर्दछ, जसले गर्दा हाम्रो हृदय "सफा" हुँदछ। "नगर" र "फाल" भन्ने जस्ता आज्ञाहरू पालन गरेर हामीले अन्ततः हाम्रा सबै पाप र दुष्टतालाई त्याग्न सक्छौं।

उहाँको वचनद्वारा आफ्नो हृदयलाई शुद्ध बनाउनुभएकाहरूको व्यवहार पनि परिवर्तन हुन्छ र ख्रीष्टको ज्योति उहाँहरूमा चम्कन्छ। तथापि, वचन पालन गर्ने कार्य व्यक्तिको आफ्नो बल र संकल्पद्वारा मात्र सम्भव हुँदैन; पवित्र आत्माले तिनीहरूलाई डोऱ्याउनु र सहायता गर्नुपर्दछ।

जब हामी वचन सुन्छौं र बुझ्छौं, हाम्रो हृदयलाई खोल्छौं र येशूलाई हाम्रो मुक्तिदाता स्वीकार गर्छौं, तब परमेश्वरले हामीलाई वरदानको रूपमा पवित्र आत्मा दिनुहुन्छ। येशूलाई आफ्नो मुक्तिदाता स्वीकार गर्ने मानिसहरूमा पवित्र आत्मा वास गर्नुहुन्छ, र उहाँहरूलाई सत्यको वचन सुन्न र बुझ्न मद्दत गर्नुहुन्छ। धर्मशास्त्रले हामीलाई भन्दछ, "शरीरबाट जन्मेको शरीर हो, र पवित्र आत्माबाट जन्मेको आत्मा हो

" (यूहन्ना ३:६) । वरदानको रूपमा पवित्र आत्मा प्राप्त गर्नुभएका परमेश्वरका छोर ाछोरीहरू पवित्र आत्माको शक्तिद्वारा सधैं आफूलाई पाप र दुष्टबाट टाढा राखेर आत्मिक मानिस बन्न सक्नुहुन्छ ।

के तपाईंहरूमध्ये कोही "म कसरी ती सबै आज्ञाहरू पालना गर्न सक्छु" भन्ने सो चेर चिन्तित् र व्याकुल हुनुहुन्छ ?

१ यूहन्ना ५:२-३ ले हामीलाई यसो भनी स्मरण गराउँदछ, "जब हामी परमेश्वर लाई प्रेम गर्छौं र उहाँका आज्ञाहरू पालन गर्छौं, तब यसैबाट थाहा पाउँछौं, कि हामीले परमेश्वरका सन्तानलाई प्रेम गर्छौं । परमेश्वरको प्रेम यही हो कि हामी उहाँका आज्ञाहरू पालन गर्दछौं, र उहाँका आज्ञाहरू भारपूर्ण छैनन् ।" यदि तपाईं आफ्नो हृदयको गहिराई देखि परमेश्वरलाई प्रेम गर्नुहुन्छ भने, उहाँको आज्ञा पालन गर्न गाह्रो हुनेछैन ।

आमाबाबुले आफ्ना छोराछोरीहरूलाई जन्म दिनुभएपछि, आफ्ना सन्तानहरूको खानपान, लुगाफाटा, सरसफाइ जस्ता सबै पक्षहरूमा ती आमाबुवाहरूले ध्यान दिनुहुन्छ । यदि त्यो सन्तान आफ्नै होइन भने उसको हेरचाह गर्नु आमाबाबुलाई गाह्रो लाग्न सक्दछ । तर यदि आमाबाबुले आफ्नै सन्तानहरूको हेरचाह गरिरहनु भएको छ भने उहाँहरूर्लाा त्यसो गर्दा बोझिलो महसूस हुनेछैन । बच्चाहरू मध्य रातमा उठेर रुँदा पनि, आमाबाबुलाई झर्को महसूस हुँदैन ; किनभने उहाँहरू आफ्ना छोराछोर ीहरूलाई धेरै प्रेम गर्नुहुन्छ । आफ्ना प्रियजनहरूको निम्ति कुनै कुरा गर्दा ठूलो आनन्द र खुशी मिल्दछ; यसो गर्नु गाह्रो वा पटचार लाग्दो हुँदैन । यसरी नै, परमेश्वर हाम्रो आत्माको पिता हुनुहुन्छ, उहाँको प्रचुर प्रेममा उहाँले आफ्नो एक मात्र पुत्र हाम्रो लागि

क्रूसमा टाँगिन दिनुभयो भनी, यदि हामी साँच्चै विश्वास गर्दछौं भने हामी उहाँलाई प्रेम नगरी कसरी रहन सक्छौं र ? थपअझ, यदि हामी परमेश्वरलाई प्रेम गर्दछौं भने उहाँको वचन अनुसार जिउनु हामीलाई कठिन हुनेछैन । यसको विपरित, हामीले परमेश्वरको वचनअनुसार जीवन नजिउँदा वा उहाँको इच्छा पालन नगर्दा हामीलाई कष्ट र पीडा हुनेछ ।

मेरी दिदीले परमेश्वरको चर्चमा मलाई नडोऱ्याउनु भएसम्म म सात वर्षसम्म विभिन्न किसिमका रोगहरूबाट ग्रसित थिएँ । पवित्र आत्माको आगो प्राप्त गरेर आफ्ना सबै रोगहरूबाट निको भएको क्षणमा मैले चर्चमा घुडाँ टेकें, मैले जीवित परमेश्वरलाई भेटेँ । त्यो सन् १९७४, अप्रिल १७ तारिखको दिन थियो । त्यसपछि, परमेश्वरको अनुग्रहप्रति पूर्ण रूपमा कृतज्ञ भएर म सबै प्रकारका आराधना सेवाहरूमा उपस्थित हुन थालें । त्यस वर्षको नोभेम्बर महिनामा, मैले पहिलो पटक जागृति सभामा भाग लिएँ जहाँ मैले उहाँको वचन अनि इसाई जीवनका आधारभूत कुराहरू सिक्न थालें :

'ओहो, परमेश्वर यस्तो हुनुहुंदो रहेछ'
'मैले आफ्ना सबै पापहरूलाई फाल्नु पर्दछ ।'
'विश्वास गर्दा यस्तो हुँदो रहेछ !'
'मैले धूम्रपान गर्न र रक्सी पिउन छोड्नु पर्छ ।'
'मैले निरन्तर प्रार्थना गर्नु पर्दछ ।'
'दशांश दिनु अनिवार्य छ,
र म परमेश्वरको सामु रित्तो हात आउनुहुँदैन ।'

प्रत्येक हप्ता, मैले "आमेन !" भन्दै परमेश्वरको वचन आफ्नो हृदयमा ग्रहण गरेँ ।

त्यस जागृति सभापछि, मैले धूम्रपान गर्न र रक्सी पिउन छोडेँ र दशांश दिन अनि धन्यवादका भेटीहरू दिन थालेँ । मैले बिहान सबेरै प्रार्थना गर्न थालेँ र बिस्तारै प्रार्थनाको मानिस बनेँ । मैले सिकेका कुरालाई सोही अनुरूप व्यवहारमा उतार्न थालेँ, र साथै बाइबल पनि पढ्न थालेँ ।

कुनै पनि सांसारिक उपायद्वारा निको नभएका मेरा सबै रोग र दुर्बलताहरू परमेश्वरको शक्तिद्वारा एकै पलमा निको भए । त्यसैले, मैले पूर्ण रूपमा बाइबलका हरेक पद र अध्यायमा विश्वास गर्न सकेँ । म त्यस समयमा नयाँ विश्वासी भएकोले, धर्मशास्त्रका केही भागहरू मैले सजिलैसित बुझ्न सकेको थिइनँ । यद्यपि, बुझ्न सक्ने आज्ञाहरू मैले तुरुन्तै पालन गर्न थालेँ । उदाहरणको लागि, बाइबलले झूट बोल्नु हुँदैन भन्दा, मैले, "झूट बोल्नु पाप हो ! बाइबलले मलाई झूट बोल्नुहुँदैन भनेको छ, त्यसैले म झूट बोल्दिनँ" भनी निर्णय गरेँ । त्यस्तै मैले "परमेश्वर, कृपया मलाई अनजानमा बोलिने झूटहरूसमेत त्याग्न सहायता गर्नुहोस्" भनी प्रार्थना गर्न थालेँ । मैले दुष्ट हृदयका साथ मानिसहरूलाई झूट बोलेर नठगेको भएतापनि अनजानमा बोलिने झूटहरू समेत त्याग्न सकूँ भनी मैले निरन्तर प्रार्थना गरेँ ।

धेरै मानिसहरू झूट बोल्छन्, र अधिकांशले आफूले झूट बोलेको छु भनी महसुस गर्दैनन् । तपाईंलाई फोनमा कुरा गर्न मन नलाग्ने कुनै मानिसको फोन आउँदा के तपाईंले आफ्ना छोराछोरी, सहकर्मी वा मित्रहरूलाई "म यहाँ छैन भनिदिनु" भनेर अपक्षपाती तवरले कहिल्यै भन्नुभएको छ ? धेरै जनाले अरूको बारेमा "सोचेर" झूट बोल्नुहुन्छ । त्यस्ता मानिसहरू अरूलाई भेट्न जाँदा केही खाने र पिउने प्रस्ताव

लेखक: डा. जेरक ली

आएको खण्डमा झूट बोल्नु हुन्छ । आफूले केही नखाएको भएतापनि वा तिर्खाएको भएतापनि पाहुना भएर जाँदा अरूलाई दुःख नदिनका लागि, "होइन, धन्यवाद छ, यहाँ आउनुभन्दा अघि नै मैले केही खाएको (वा पिएको) थिएँ" भनी भन्ने गर्दछन् । तर जब मैले असल मनसायबाट बोलिने झूट पनि झूटै हो भनी थाहा पाएँ, तब मैले झूटलाई त्यागनको लागि निरन्तर प्रार्थना गरेँ अनि अन्तमा मैले अनजानमा बोलिने झूटहरूलाई पनि त्याग्न सकेँ ।

यसबाहेक, त्याग्नु पर्ने सबै दुष्टता र पापहरूको मैले एउटा सूची बनाएँ र प्रार्थना गरेँ । एकपछि अर्को गर्दै मैले आफ्नो दुष्टता र पापमय स्वभाव वा कार्य त्यागेँ भनी म विश्वस्त भएपछि त्यसलाई रातो कलमले म धर्सो लगाइदिन्थेँ । दृढ प्रार्थनापछि पनि कुनै दुष्टता र पाप स्वभाव सजिलैसित फाल्न नसकेको खण्डमा म तुरुन्तै उपवास बसिहाल्थेँ । मैले तीन दिनको उपवासपछि पनि त्यसलाई फाल्न नसकेमा, उपवासलाई बढाएर म पाँच दिनसम्म पुऱ्याउँथे । यदि त्यही पाप फेरि मैले दोहोऱ्याएमा, म सात दिनको उपवास शुरु गरिहाल्थेँ । तथापि, मैले एक हप्तासम्म उपवास बस्नुपरेको घटना कमै छ ; प्राय जसो तीन दिनको उपवासपछि, म धेरै जसो पाप र दुष्टतालाई त्याग्न सक्थेँ । यस्ता प्रक्रियाहरूलाई दोहोऱ्याएर धेरै दुष्टतालाई त्यागेपछि, म अझ सफा भाँडो बनेँ ।

प्रभुलाई भेटेको तीन वर्षपछि, मैले परमेश्वरको वचनप्रति अनाज्ञाकारी हुने सबै कुराहरूलाई त्यागिदिएँ र उहाँको दृष्टिमा म सफा भाँडो ठहरिन सकेँ । थपअझ, मैले कर्तव्यबोध र लगनशील भई "गर" र "राख" भन्ने जस्ता आज्ञाहरू पालना गर्दा,

छोटो समयमा नै म उहाँको वचनअनुसार जिउन सकें । म एक सफा भाँडोको रूपमा परिवर्तन भएपछि, परमेश्वरले मलाई प्रशस्त आशिष् दिनुभयो । मेरो परिवारले स्वस्थ हुने आशिष् पायो । मैले चाँडै नै आफ्ना सबै ऋणहरू तिर्न सकें । मैले शारीरिक र आत्मिक दुवै तवरले आशिष् पाएँ । किनभने बाइबलले हामीलाई यसरी निश्चिन्त तुल्याएको छ :"प्रिय हो, हाम्रो हृदयले हामीलाई दोष दिएन भने परमेश्वरको सामुन्ने हामीलाई साहस हुन्छ । हामी जे माग्छौं, सो उहाँबाट पाउँछौं, किनभने हामी उहाँका आज्ञा पालन गर्छौं, र उहाँलाई मन पर्ने कामहरू गर्छौं (१ यूहन्ना ३:२१-२२) ।"

दोस्रो, कुनै रत्नभन्दा पनि बढी सुन्दर भाँडो बन्नको लागि, तपाईं "आगोद्वारा खारिनु पर्दछ" र आत्मिक ज्योति प्रदीप्त गर्नु पर्दछ ।

औंठी र हारहरूमा जडिएका बहुमूल्य रत्नहरू कुनै समयमा अपरिष्कृत अवस्थामा रहेका थिए । तथापि, जुहारतहरूले त्यसलाई परिष्कृत गरेपछि त्यसबाट चम्किलो प्रकाश प्रदीप्त हुन्छ र त्यसको आकार पनि सुन्दर बन्दछ ।

ती कुशल जुहारातहरूले यी रत्नहरूलाई काटेर, टलक लगाई तिनलाई आगोद्वारा खारेपछि यी रत्नहरूमा सुन्दर आकार र चमक थपिएझैं, परमेश्वरले आफ्ना छोराछोर ीहरूलाई अनुशासित तुल्याउनुहुन्छ । उहाँहरूका पापको कारण परमेश्वरले उहाँहरूलाई अनुशासनमा राख्नुभएको होइन तर अनुशासनको माध्यमद्वारा परमेश्वर उहाँहरूलाई शारीरिक र आत्मिक आशिष् प्रदान गर्न चाहनुहुन्छ । कुनै पनि गल्ती वा पाप नगरेका उहाँका छोराछोरीहरूको दृष्टिमा उहाँहरूले परीक्षाका पीडा र कष्टहरू सहनु परेको जस्तो देखिएतापनि, उहाँहरूबाट अझ बढी सुन्दर रंग र चमक प्रदीप्त

भएको होस् भन्ने हेतुले परमेश्वरले आफ्ना छोराछोरीहरूलाई प्रशिक्षण दिनुहुन्छ र अनुशासित तुल्याउनुहुन्छ । १ पत्रुस २:१९ ले हामीलाई यसरी स्मरण गराउँदछ, “परमेश्वरलाई सम्झेर कुनै मानिसले अन्यायपूर्ण कष्ट सहन्छ भने त्यो परमेश्वरमा प्रशंसनीय छ ।” यस्तो पनि लेखिएको छ, “आगोबाट खारिने तर नष्ट भएर जाने सुनभन्दा पनि तिमीहरूको विश्वास मूल्यवान् छ । तिमीहरूको यो विश्वास साँचो प्रमाणित होस्, र येशू ख्रीष्ट प्रकट हुनुहुँदा प्रशंसा, महिमा र आदरको योग्य बनोस् (१ पत्रुस १:७) ।”

परमेश्वरका छोराछोरीहरूले पहिले नै सबै प्रकारका दुष्टताहरू त्यागेर उहाँहरू पवित्र भाँडाहरू बन्नुभएतापनि, परमेश्वरले आफ्नो समयमा, उहाँहरूलाई अनुशासित र परीक्षित हुन दिनुहुन्छ जसले गर्दा उहाँहरू कुनै पनि रत्नभन्दा बढी सुन्दर भाँडो बन्न सक्नुहुन्छ । १ यूहन्ना १:५ को पछिल्लो भागले, “परमेश्वर ज्योति हुनुहुन्छ, र उहाँमा कत्ति पनि अँध्यारो छैन” भनी उल्लेख गरेझैं, परमेश्वर स्वयम् दोष वा खोट रहित महिमित ज्योति हुनुहुन्छ र उहाँले आफ्ना छोराछोरीहरूलाई पनि ज्योतिको सोही उचाइमा डोऱ्याउनु हुन्छ ।

त्यसैले, जब तपाईं परमेश्वरको अनुमतिमा आइपरेका परीक्षाहरूलाई भलाइ र प्रेमका साथ जित्नुहुन्छ तब तपाईं अझ बढी चम्किलो र सुन्दर भाँडो बन्न सक्नुहुनेछ । आत्मिक ज्योतिको चमक अनुसार आत्मिक अख्तियार र शक्तिको तह फरक हुन्छ । थपअझ, जब आत्मिक ज्योति चम्कन्छ, तब शत्रु दियाबल र शैतान खडा हुन सक्दैन ।

मर्कूस ९ अध्यायमा एउटा बाबुले येशूसित आफ्नो छोरालाई निको पारिदिनको लागि बिन्ती गरेको र येशूले त्यस केटाबाट दुष्टात्मा बाहिर निकाल्नु भएको एउटा दृश्य छ । येशूले दुष्टात्मालाई हप्काउनुभयो । "ए गूँगो र बहिरो आत्मा, म तँलाई हुकुम गर्दछु, त्यसबाट निस्केर आइज, र फेरि कहिल्यै त्यसभित्र नपस्" (पद २५) । दुष्टात्माले त्यस केटालाई छोडेर गयो र ऊ बोल्न सक्ने भयो । योभन्दा अघिको दृश्यमा त्यस बाबुले आफ्नो छोरालाई येशूका चेलाहरूकहाँ ल्याएका थिए, तर उहाँहरूले त्यसबाट दुष्टात्मा निकाल्न सक्नुभएन । चेलाहरूको आत्मिक ज्योतिको तह र येशूको आत्मिक ज्योतिको तह फरक भएकोले गर्दा यस्तो भएको थियो ।

त्यसोभए, यदि हामी येशूको आत्मिक ज्योतिको तहमा प्रवेश गर्न चाहन्छौं भने हामीले के गर्नुपर्छ त ? परमेश्वरमा दृढतापूर्वक विश्वास गरेर खराबीलाई भलाइद्वारा पराजित गरी शत्रुलाई समेत प्रेम गरेर हामी जस्तो सुकै परीक्षाहरूमा विजयी हुन सक्छौं । नतिजास्वरूप, एकपटक तपाईंको भलाइ, प्रेम, र धार्मिकता येशूको जस्तै साँचो ठहरिएपछि, तपाईंले दुष्ट आत्माहरूलाई भगाउन सक्नुहुन्छ र कुनै पनि रोग अनि दुर्बलताहरू निको पार्न सक्नुहुन्छ ।

कुनै पनि रत्नभन्दा बढी सुन्दर भाँडाहरूले प्राप्त गर्ने आशिषहरू

धेरै वर्षसम्म विश्वासको मार्गमा हिँड्दा, मैले अनगिन्ती कष्ट र परीक्षाहरू सहेको छु । उदाहरणको लागि, केही वर्ष अघि एक टेलिभिजन च्यानलले लगाएको आरोपको कारण, मैले मृत्युसमान पीडादायी र कठन परीक्षा सहनु पऱ्यो । नतीजास्वरूप, मबाट

अनुग्रह पाएका र लामो समयदेखि मैले आफ्नो परिवारझैं गरी नजीक ठानेका धेरै मानिसहरूले मलाई धोका दिए ।

सांसारिक मानिसहरूको दृष्टिमा, म एक गलत र दोषी व्यक्ति बनें र मानमिनका धेरै सदस्यहरूले विना कारण कष्ट र सतावट भोग्नुभयो । तैपनि, मानमिनका सदस्यहरू र मैले ती परीक्षाहरूलाई भलाइका साथ जित्यौं र सबै कुराहरू परमेश्वर को इच्छामा छोड्दै हामीले प्रेम र दयाको परमेश्वरसित तिनीहरूलाई क्षमा गरि दिनुहोस् भनी अन्तर्बिन्ती गऱ्यौं ।

यसका अलावा, चर्च छोडेर जाने र चर्चको लागि समस्या खडा गर्नेहरूलाई मैले कहिल्यै घृणा गरिनँ र त्यागिनँ । यस्तो कष्टदायी परीक्षाको बीचमा पनि, मेरो पिता परमेश्वरले मलाई प्रेम गर्नुहुन्छ भनी मैले विश्वासयोग्यतापूर्वक विश्वास गरें । यसरी मैले केवल भलाइ र प्रेमका साथ आफूप्रति खराबी गर्नेहरूको सामना गर्न सकें । विद्यार्थीहरूले परीक्षाद्वारा आफ्नो मेहनत र योग्यताको लागि मान्यता प्राप्त गरेझैं, मेरो विश्वास, भलाइ, प्रेम, र धार्मिकताले परमेश्वरबाट मान्यता प्राप्त गरेपछि, उहाँले मलाई अझ महान् तवरले उहाँको शक्ति प्रकट गर्ने आशिष् दिनुभयो ।

परीक्षापछि, उहाँले मेरो लागि यस्तो ढोका खोलिदिनुभयो जसद्वारा मैले विश्व मिशनलाई पूरा गर्न सक्थें । परमेश्वरले कार्य गर्न थाल्नुभयो जसले गर्दा हजारौं र लाखौं मानिसहरू मैले सञ्चालन गरेको समुद्रपारको क्रूसेडमा भेला हुन थाल्नुभयो अनि समय र दूरीलाई माथ गर्ने उहाँको शक्तिका साथ उहाँ मसित रहनु भएको छ ।

परमेश्वरले हामीलाई घेर्नु भएको आत्मिक ज्योति यस संसारको कुनै पनि र

त्नहरूभन्दा बढी चम्किलो र सुन्दर छ । आफ्नो आत्मिक ज्योतिले घेर्नु भएका छोर छोरीहरूलाई उहाँले कुनै पनि रत्नहरू भन्दा बढी सुन्दर भाँडोको रूपमा लिनुहुन्छ ।

त्यसैले, तपाईंहरू हरेकले चाँडै पवित्रतालाई पूरा गर्नुभएर परीक्षामाथि विजयी भई प्राप्त गरेको आत्मिक ज्योतिलाई प्रदीप्त गर्ने भाँडो र कुनै पनि रत्न भन्दा बढी सुन्दर भाँडो बन्नुभएर आफूले मागेका सबै कुराहरू प्राप्त गर्नु भएको होस् र आशिषित् जीविन जिउन सक्नु भएको होस् भनी म हाम्रो प्रभु येशू ख्रीष्टको नाउँमा प्रार्थना गर्दछु !

अध्याय ४

ज्योति

जुन सन्देश हामीले उहाँबाट सुन्यौं
र तिमीहरूलाई सुनाउँछौं, त्यो यही हो,
कि परमेश्वर ज्योति हुनुहुन्छ, र
उहाँमा कत्ति पनि अँध्यारो छैन

(१ यूहन्ना १:५) ।

ज्योतिहरू धेरै प्रकारका हुन्छन् र हरेक ज्योतिको आफ्नै उदेकपूर्ण शक्ति हुन्छ । सबैभन्दा महत्वपूर्ण कुरा त, यसले अन्धकार हटाउँछ, न्यानोपन प्रदान गर्दछ, र हानिकारक ब्याक्टेरिया वा ढुसीलाई नष्ट गर्दछ । प्रकाशद्वारा बोटहरूले प्रकाश संश्लेषणको माध्यमद्वारा जीवन धान्न सक्छन् ।

भौतिक ज्योतिलाई हामी आफ्नो नाङ्गो आँखाले देख्न र स्पर्श गर्न सक्छौं तर आत्मिक ज्योतिलाई हामी देख्न वा स्पर्श गर्न सक्दैनौं । भौतिक ज्योतिको क्षमता शक्ति धेरै भएझैं आत्मिक ज्योतिमा पनि अथाहा क्षमता शक्ति रहेको हुन्छ । रातमा ज्योति चम्केपछि, अन्धकार तुरुन्तै हराएर जान्छ ।

त्यसैगरी, जब आत्मिक ज्योति हाम्रो जीवनमा चम्कन्छ तब हामी परमेश्वरको प्रेम र दयामा हिँड्दै जाँदा आत्मिक अन्धकार चाँडै हराएर जाँदछ । रोगबिमार र घर, कार्य क्षेत्र अनि आपसी सम्बन्धहरूमा आइपर्ने समस्याहरूको जड आत्मिक अन्धकार भएको कारण हामीले साँचो सान्त्वना पाउन सक्दैनौं । तर जब, आत्मिक ज्योति हाम्रो जीवनमा चम्कन्छ तब मानिसको ज्ञान र क्षमताको सीमाभन्दा बाहिरका समस्याहरू समाधान हुनेछन् र हामीले हाम्रा सबै इच्छाहरूको उत्तर प्राप्त गर्नेछौं ।

आत्मिक ज्योति

आत्मिक ज्योति के हो र यसले कसरी काम गर्दछ ? १ यूहन्ना १:५ को पछिल्लो

भागले भन्दछ, "परमेश्वर ज्योति हुनुहुन्छ, र उहाँमा कत्ति पनि अँध्यारो छैन" र यूहन्ना १:१ ले भन्दछ, "वचन परमेश्वर हुनुहुन्थ्यो" । "ज्योति" ले केवल स्वयम् परमेश्वरलाई मात्र नभई सत्यता, भलाइ र प्रेम भएको उहाँको वचनलाई पनि जनाउँदछ । सबै कुर ाहरूको सृष्टि हुनभन्दा अघि, ब्रह्माण्डको अपरिमिततामा परमेश्वर कुनै स्वरूप विना नै स्वयम् अस्तित्वमा हुनुहुन्थ्यो । ज्योति र आवाजको संयुक्त रूपमा रहनुभई, परमे श्वरले सारा ब्रह्माण्डको सृष्टि गर्नुभयो । चम्किलो, वैभवपूर्ण र सुन्दर ज्योतिले सम्पूर्ण ब्रह्माण्डलाई घेर्दथ्यो र त्यो ज्योतिबाट एक सुन्दर, स्पष्ट र गुँन्जायमान आवाज निस्कन्थ्यो ।

ज्योति र आवाजको रूपमा अस्तित्वमा रहनुभएको परमेश्वरले साँचो सन्तान प्राप्त गर्नको लागि मानव जातिको सम्वर्द्धन गर्ने योजना बनाउनु भयो । त्यसपछि उहाँले एउटा स्वरूप धारण गर्नुभयो र आफूलाई त्रिएक परमेश्वरको रूपमा विभाजन गर्नुभयो र मानवजातिलाई आफ्नै स्वरूपमा सृष्टि गर्नुभयो । तथापि, परमेश्वरको मूलभूत अस्तित्व अझै पनि ज्योति र आवाज नै भएकोले उहाँले अझै पनि ज्योति र आवाजद्वारा कार्य गर्नुहुन्छ । उहाँ मानव स्वरूपमा हुनुभएतापनि, त्यो स्वरूपमा उहाँको असिमित शक्तिको ज्योति र आवाज रहेको छ ।

परमेश्वरको शक्तिको अलावा, यो आत्मिक ज्योतिमा प्रेम र भलाइ लगायतका सत्यताका तत्वहरू पनि छन् । बाइबलका ६६ वटै पुस्तकहरू आवाजद्वारा गुन्जायमान हुने आत्मिक ज्योतिका सत्यताहरूको संग्रह हो । अर्को शब्दमा, "ज्योति" ले "एक अर्कालाई प्रेम गर", "निरन्तर प्रार्थना गर", "विश्राम दिन पालना गर", "दश आज्ञा

पालन गर" भन्ने जस्ता भलाइ, धार्मिकता र प्रेमसित सम्बन्धित बाइबलमा रहेका सबै आज्ञाहरू र पदहरूलाई जनाउँदछ ।

परमेश्वरलाई भेट्नको लागि ज्योतिमा हिँड्नु

परमेश्वरले ज्योतिको संसारमा शासन गर्नुहुन्छ र शत्रु दियाबलस र शैतानले अन्धकारको संसारमाथि शासन गर्दछ । यसबाहेक, शत्रु दियाबलस र शैतानले परमे श्वरको विरोध गर्ने हुनाले, अन्धकारको संसारमा बाँचिरहेका मानिसहरूले परमेश्वर लाई भेट्न सक्दैनन् । त्यसकारण, परमेश्वरलाई भेट्न, आफ्नो जीवनका हरेक समस्याहरूको समाधान प्राप्त गर्न, र आशिष् प्राप्त गर्नको लागि, तपाईंहरू तुरुन्तै अन्धकारको संसारबाट निस्केर ज्योतिको संसारमा प्रवेश गर्नुपर्दछ ।

बाइबलमा हामी थुप्रै "गर" भन्ने आज्ञाहरू पाउँदछौं । यसमा "एक अर्कालाई प्रेम गर", "एकले अर्काको सेवा गर", "प्रार्थना गर", "धन्यवादी होऊ" भन्ने जस्ता आज्ञाहरू समावेश छन् । त्यस्तै, "राख वा पालन गर" भन्ने आज्ञाहरू अन्तर्गत "विश्राम दिन पालन गर", "दस आज्ञा पालन गर", "परमेश्वरका आज्ञाहरू पालन गर " भन्ने जस्ता आज्ञाहरू पर्दछन् । अनि "नगर" भन्ने आज्ञाहरूमा "झूट नबोल", "घृणा नगर", "आफ्नो मात्र भलाइ नखोज", "मूर्तिपूजा नगर", "चोरी नगर", "डाहा नगर", "ईर्ष्या नगर", "कुरा नकाट", भन्ने जस्ता आज्ञाहरू समावेश छन् । त्यसै गरी, "फाल वा त्याग" भन्ने आज्ञाहरू अन्तर्गत "सबै प्रकारका दुष्टताहरू त्याग", "ईर्ष्या र डाह त्याग", "लोभ त्याग" भन्ने जस्ता आज्ञाहरू पर्दछन् ।

एकातिर, परमेश्वरका यी आज्ञाहरू पालन गर्नु भनेको ज्योतिमा जिउनु र हाम्रा

प्रभु अनि पिता परमेश्वरसित समरूप हुनु हो । अर्कोतिर, यदि तपाईं परमेश्वरले भन्नुभए बमोजिम गर्नुहुन्न अनि उहाँले राख वा पालना गर भन्नु भएका कुराहरू राख्नु वा पालना गर्नुहुन्न भने, यदि तपाईं उहाँले जे नगर भन्नुभएको छ त्यही गर्नुहुन्छ र उहाँले फाल वा त्याग भन्नुभएका कुराहरू फाल्नु वा त्याग्नुहुन्न भने तपाईं अन्धकारमै रहिरहनु हुनेछ । त्यसकारण, परमेश्वरको वचन उल्लङ्घन गर्नु भनेको शत्रु दियाबलस र शैतानले शासन गर्ने अन्धकारको संसारको अधीनमा रहनु हो, त्यसैले हामी सधैं उहाँको वचन अनुसार जिउनु पर्दछ र ज्योतिमा हिँड्नु पर्दछ ।

ज्योतिमा हिँड्दा हामी परमेश्वरसित सङ्गतिमा हुन्छौं

१ यूहन्ना १:७ को पहिलो भागले, "तर उहाँ (परमेश्वर) ज्योतिमा हुनुभएझैं यदि हामी पनि ज्योतिमा हिँड्छौं भने, एउटा अर्कासित हाम्रो सङ्गति हुन्छ" भनी हामीलाई भनेझैं, जब हामी ज्योतिमा हिंड्छौं र रहन्छौं तब मात्र हाम्रो परमेश्वरसित सङ्गति छ भनी हामी भन्न सक्छौं ।

जसरी एउटा बुवा र उनका छोराछोरीहरूको बीचमा सङ्गति हुन्छ, त्यसरी नै हाम्रा आत्माहरूका पिता, परमेश्वरसँग हाम्रो सङ्गति हुनुपर्छ । तथापि, उहाँसित सङ्गति स्थापित गर्न र कायम राख्न हामीले एउटा आवश्यकता पूरा गर्नुपर्दछ : ज्योतिमा हिँडेर पाप फाल्नु पर्दछ । त्यसैले, "यदि उहाँसँग हाम्रो सङ्गति छ भनी हामी भन्छौं र अन्धकारमा नै हिँड्छौं भनेता, हामी झूट बोल्छौं र सत्यमा चल्दैनौं " (१ यूहन्ना १:६) ।

"सङ्गति" एकपक्षीय हुँदैन । तपाईंले कुनै व्यक्तिको बारेमा केही कुरा थाहा पाएकै भरमा त्यस व्यक्तिसित तपाईंको सङ्गति छ भन्न मिल्दैन । जब दुवै पक्षहरू एक

अर्कासित परिचित हुन्छन्, एकआपसमा भरोसा गर्दछन् र निर्भर हुन्छन्, र एकअर्कासित संचार गर्दछन् तब मात्र त्यहाँ दुवै पक्षहरूबीच "सङ्गति" भएको छ भनी भन्न सकिन्छ ।

उदाहरणको लागि, तपाईंहरू सबैले आफ्नो देशको राजा वा राष्ट्रपतिलाई चिन्नुहुन्छ । तपाईंले राष्ट्रपतिलाई चिन्नु भएतापनि, यदि उहाँले तपाईंलाई चिन्नुभएको छैन भने, तपाईं र राष्ट्रपतिबीचमा कुनै सङ्गति हुँदैन । यसबाहेक, सङ्गतिका विभिन्न गहिराइहरू छन् । तपाईं दुइबीच सामान्य परिचय मात्र हुन सक्छ ; तपाईं दुइबीच समयसमयमा एकअर्काको हालखबर सोधपुछ गर्ने अलि निकट सम्बन्ध हुन सक्छ, वा आफ्ना गोप्य कुराहरू समेत एकआपसमा बाँड्चूड् गर्ने घनिष्ठ सम्बन्ध तपाईं दुइबीच हुन सक्छ ।

परमेश्वरसितको सङ्गतिमा पनि यही कुरा लागू हुन्छ । उहाँसितको हाम्रो सम्बन्ध साँचो सङ्गतिमा परिणत हुनको लागि, परमेश्वरले हामीलाई चिन्नु र मान्यता दिनु पर्दछ । यदि परमेश्वरसित हाम्रो प्रगाढ सम्बन्ध छ भने, हामी बिरामी वा कमजोर हुने छैनौं, र हामीले जुनसुकै कुराहरूका लागि पनि उत्तरहरू प्राप्त गर्न सक्छौं । परमेश्वर आफ्ना छोराछोरीहरूलाई केवल असल कुरा मात्र दिन चाहनुहुन्छ र व्यवस्था २८ अध्यायमा उहाँले हामीलाई भन्नुभएको छ कि यदि हामी पूर्णतया हाम्रो परमेश्वरको आज्ञा मानेर ध्यानपूर्वक उहाँका वचनहरू पालना गर्दछौं भने हामी बाहिर जाँदा र भित्र आउँदा हामीले आशिष् प्राप्त गर्नेछौं ; हामीले अरूलाई ऋण दिनेछौं तर कसैबाट ऋण लिनेछैनौं ; र हामी पुच्छर होइन तर शिर बन्नेछौं ।

परमेश्वरसँग साँचो सङ्गतिमा रहनुभएका विश्वासका पुर्खाहरू

परमेश्वरले नै, “मेरो हृदयअनुसारको मान्छे” (प्रेरित १३:२२), भनी मान्यता दिनुभएको दाऊदको परमेश्वरसित कस्तो सङ्गति थियो त ? दाऊद हर समय परमेश्वरलाई प्रेम गर्नुहुन्थ्यो, उहाँको भय मान्नुहुन्थ्यो, र परमेश्वरमा नै पूरै निर्भर हुनुहुन्थ्यो । शाऊलदेखि भागिहिँड्नु हुँदा वा युद्धमा जान लाग्दा, बच्चाले आफ्ना आमाबाबुलाई आफूले गर्ने कामको बारेमा एकएक गरी सोधे जस्तै दाऊदले पनि सधैं “के म जाऊँ ? म कहाँ जाऊँ ?” भनी सोध्नुहुन्थ्यो र परमेश्वरले उहाँलाई भन्नुभए बमोजिम आज्ञा पालन गर्नुहुन्थ्यो । यसबाहेक, परमेश्वरले सधैं दाऊदलाई कोमल अनि विस्तृत रूपमा उत्तरहरू दिनुभयो र परमेश्वरले उहाँलाई भन्नुभए बमोजिम दाऊदले गर्नुहुँदा उहाँले निरन्तर विजय प्राप्त गर्नुभयो (२ शमूएल ५:१९-२५) ।

दाऊदले आफ्नो विश्वासद्वारा परमेश्वरलाई खुशी पार्नुभएको कारण, परमेश्वर र दाऊदबीच एक सुन्दर सम्बन्ध कायम भएको थियो । उदाहरणको लागि, राजा शाऊलको शासनकालको शुरुवाततिर, पलिश्तीहरूले इस्राएललाई आक्रमण गरे । पलिश्तीहरूको नेतृत्व गर्ने गोलायतले इस्राएलका सेनाहरूको खिसी गऱ्यो र ईश्वर निन्दा गर्दै परमेश्वरको नाउँलाई चुनौती दियो । तरैपनि, इस्राएलको शिविरबाट गोलायतलाई चुनौती दिने साहस कसैले पनि गरेन । त्यो समयमा दाऊद कलिलै हुनुभएतापनि, उहाँ कुनै हतियार नबोकी केवल खोलाबाट पाँचवटा चिल्ला ढुङ्गाहरू लिएर गोलायतको सामना गर्न जानुभयो किनभने उहाँले इस्राएलका सर्वशक्तिमान् परमेश्वरमा विश्वास गर्नुभयो र युद्ध परमप्रभुकै हो भन्ने कुरामा विश्वास गर्नुभयो (१ शमूएल १७) । परमेश्वरको कार्यद्वारा दाऊदको घुँयत्रोले हानेको ढुङ्गा गोलायतको निधारमा लाग्यो । गोलायतको मृत्युपछि, परिस्थिति परिवर्तन भयो, र इस्राएलले पूर्ण

रूपमा विजय हासिल गऱ्यो ।

दाऊदको दृढ विश्वासको कारण परमेश्वरले उहाँलाई, "मेरो हृदयअनुसारको मान्छे " भनी मान्यता दिनुभयो, र घनिष्ठ सम्बन्धमा रहेका बाबु र छोराले हरेक कामको बारेमा एकआपसमा छलफल गरेझैं, परमेश्वर दाऊदको पक्षमा हुनुभएकोले गर्दा दाऊदले सबै कुराहरू प्राप्त गर्न सक्नुभयो ।

परमेश्वर मोशासित आमनेसामने भई कुराकानी गर्नुहुन्थ्यो भनी बाइबलले हामीलाई बताउँदछ । उदाहरणको लागि, मोशाले साहसी भई परमेश्वरलाई उहाँको मुहार देखाउन अनुरोध गर्नुहुँदा, परमेश्वर मोशालाई उहाँले अनुरोध गर्नुभएका सबै कुराहरू दिन उत्सुक हुनुभयो (प्रस्थान ३३:१८) । कसरी परमेश्वरसँग मोशाको यति निकट र घनिष्ठ सम्बन्ध स्थापित भयो त ?

मोशाले इस्राएलीहरूलाई मिश्रदेखि बाहिर ल्याउनुभएपछि, उहाँले सीनै पर्वतमाथि चालीस दिन उपवास बस्नुभई परमेश्वरसित संचार गर्नुभयो । मोशा फर्कन ढिलो भएको देखेर इस्राएलीहरूले उपासना गर्नको लागि एउटा मूर्ति बनाए । यो देखेर परमेश्वरले इस्राएलीहरूलाई नाश गर्नेछु र मोशाबाट नै एउटा ठूलो जाति खडा गर्नेछु भनी मोशालाई भन्नुभयो (प्रस्थान ३२:१०) ।

यो सुनेर मोशाले परमेश्वरसित यसरी बिन्ती गर्नुभयो, "तपाईं आफ्नो भयङ्कर क्रोधलाई शान्त गर्नुहोस्, र आफ्ना मानिसहरूलाई हानी गर्नदेखि आफ्नो मन बद्लनुहोस्" (प्रस्थान ३२:१२) । अर्को दिन, उहाँले परमेश्वरसित फेरि यसरी अन्तर्बिन्ती गर्नुभयो, "हाय ! यी मानिसहरूले कस्तो ठूलो पाप गरेका छन् ! तिनीहरूले आफ्ना निम्ति सुनका देवताहरू बनाएका छन् । तापनि तपाईंले तिनीहरूको पाप क्षमा गर्नुहुन्छ हो

लाहुन्न भनेता, तपाईंले लेख्नुभएको पुस्तकबाट मेरो नाउँनिशानै मेटिदिनुहोस् !" (प्रस्थान ३२:३१:३२) । यी कति उदेकका र प्रेमका हार्दिक प्रार्थनाहरू थिए !

थपअभ्र, हामी गन्ती १२:३ मा यस्तो लेखिएको पाउँदछौं, "मोशाचाहिँ पृथ्वीभरिमा सबैभन्दा विनम्र व्यक्ति थिए ।" गन्ती १२:७ ले यसरी भन्दछ,"तर मेरो दास मोशासित त म त्यसो गर्दिनँ । त्यो त मेरा सबै घरानामा विश्वासी छ ।" आफ्नो महान् प्रेम र नम्र हृदयका साथ, मोशा परमेश्वरका सबै घरानामा विश्वासयोग्य हुनुभयो र उहाँ परमेश्वरसितको घनिष्ठ सङ्गतिमा रहनुभयो ।

ज्योतिमा हिंड्ने मानिसहरूलाई प्राप्त हुने आशिष्हरू

संसारको ज्योतिको रूपमा यस संसारमा आउनुभएको येशूले, केवल सत्यता र स्वर्गीय राज्यको सुसमाचार प्रचार गर्नुभयो । तथापि, शत्रु शैतानको अधीनमा रहेका मानिसहरूले अन्धकारको प्रभावमा परेर ज्योतिलाई बुझ्न सकेनन् । यसले गर्दा, अन्धकारको संसारमा रहेका मानिसहरूले ज्योतिलाई स्वीकार गर्न वा मुक्ति प्राप्त गर्न सकेनन् र विनाशको मार्गतिर गए ।

असल हृदय भएका मानिसहरूले आफ्ना पापहरू देख्नुहुन्छ, त्यसको निम्ति पश्चात्ताप गर्नुहुन्छ र सत्यको ज्योतिद्वारा मुक्तिमा पुग्न सक्नुहुन्छ । पवित्र आत्माको इच्छालाई पछ्याउनु भएर, उहाँहरूले आत्मालाई जन्म दिन सक्नुहुन्छ र ज्योतिमा हिंड्न सक्नुहुन्छ । उहाँहरूमा भएको बुद्धि वा क्षमताको अभावले गर्दा कुनै समस्या हुनेछैन । उहाँहरूले ज्योतिको परमेश्वरसित संचार स्थापित गर्नुहुनेछ र पवित्र आत्माको आवाज सुन्नुहुनेछ र उहाँको अगुवाइ प्राप्त गर्नुहुनेछ । त्यसपछि सबै कुर

ाहरूमा उहाँहरूको उन्नति हुनेछ र उहाँहरूले स्वर्गबाट बुद्धि प्राप्त गर्नुहुनेछ । पवित्र आत्माले व्यक्तिगत रूपमा नै उहाँहरूलाई हरेक कदममा मार्ग निर्देशन गर्नुहुनेछ जसले गर्दा माकुरोको जालोझैं अल्भिएर जटिल बनेका समस्याहरू भएतापनि, उहाँहरूलाई ती समस्याहरू समाधान गर्न कुनै कुराले पनि रोक्न सक्दैन र कुनै पनि बाधाले उहाँहरूको मार्गलाई रोक्न सक्दैन ।

१ कोरिन्थी ३:१८ ले हामीलाई, "कसैले आफैलाई धोखा नदिओस् । तिमीहरूमध्ये कसैले यस युगमा आफैलाई बुद्धिमान् सम्भन्छ भने त्यो मूर्ख बनोस्, ताकि त्यो बुद्धिमान् बन्न सकोस्" भनी भनेझैं, हामीले यो जान्नुपर्दछ कि संसारको बुद्धि परमेश्वरको सामु मूर्खता हो ।

थपअभ, याकूब ३:१७ ले हामीलाई यस्तो भन्दछ, "तर जुन बुद्धि स्वर्गबाट आउँछ त्यो पहिले शुद्ध हुन्छ, तब त्यो शान्तिप्रिय, कोमल, विचारशील, कृपापूर्ण र असल फलले भरिएको पाक्षपातरहित र कपटरहित हुन्छ ।" जब हामी पवित्र बन्दछौं र ज्योतिमा प्रवेश गर्दछौं, तब स्वर्गबाट बुद्धि हामीमा ओर्लनुहुनेछ । हामी ज्योतिमा हिँड्दा यस्तो तहमा पुग्नेछौं जहाँ हामीलाई कुनै कुराको अभाव भएतापनि हामी खुशी हुन्छौं, र हामीलाई कुनै कुराको अभाव भएतापनि हामी अभावमा छौं भनी हामीलाई महसूस नै हुँदैन ।

प्रेरित पावलले फिलिप्पी ४:११ मा यस्तो स्वीकारोक्ति दिनुभएको छ, "खाँचो पऱ्यो भनेर मैले गुनासो पोखाएको होइन, किनभने जुनसुकै परिस्थितिमा भए पनि त्यसमा सन्तुष्ट रहन मैले सिकेको छु ।" त्यसैगरी, यदि हामी ज्योतिमा हिँड्छौं भने हामीले परमेश्वरको शान्तिलाई पूरा गर्नेछौं, जसले गर्दा शान्ति र आनन्द हामीमा प्रशस्तसित प्रवाह हुनेछ । अरूसित शान्ति कायम गर्ने मानिसहरूले आफ्नो परिवारका

सदस्यहरूसित वैरभाव राख्नुहुन्न वा झगडा गर्नुहुन्न । यसको साटो, उहाँहरूको हृदयमा प्रेम र अनुग्रह प्रशस्त मात्रामा प्रवाह हुने भएकोले, उहाँहरूका ओठहरूबाट निरन्तर धन्यवादिताका स्वीकारोक्तिहरू निस्किरहनेछन् ।

थपअझ, यदि हामी ज्योतिमा हिँड्छौं र सकेसम्म परमेश्वरसित समरूप हुन्छौं भने ३ यूहन्ना १:२ मा, "प्रिय मित्र म प्रार्थना गर्दछु, कि सबै कुरामा तिम्रो भलो होस्, र तिम्रो स्वास्थ्य ठीक रहोस् । तिम्रो आत्मिक जीवन ठीक छ भन्ने म जान्दछु" भनी उहाँले हामीलाई भन्नुभएझैं निश्चय नै हामीले सबै कुराहरूमा उन्नति हुने आशिष् पाउनुका साथै ज्योतिको परमेश्वरको अख्तियार, सामर्थ्य र शक्ति प्राप्त गर्नेछौं ।

पावलले प्रभुलाई भेट्नु भएर ज्योतिमा हिँड्नुभएपछि, परमेश्वरले उहाँलाई अन्यजातिहरूको प्रेरितको रूपमा उदेक लाग्दो शक्ति प्रकट गर्न दिनुभयो । स्तिफनस र फिलिप कुनै अगमवक्ता वा येशूका चेलाहरू नहुनुभएपनि, परमेश्वरले उहाँहरूद्वारा महान् कार्य गर्नुभयो । प्रेरित ६:८ मा हामी यस्तो लेखिएको पाउँछौं, "स्तिफनसले अनुग्रह र शक्तिले पूर्ण भएर मानिसहरूका बीचमा ठूला-ठूला अचम्मका काम र चिन्हहरू गरे ।" प्रेरित ८:६-७ मा पनि हामी पाउँदछौं, "फिलिपले भनेका वचन सुनेर अनि तिनले गरेका चिन्हहरू देखेर, भीडले एक मनका भई तिनका कुरामा ध्यान दिए । किनकि धेरै जनाबाट अशुद्ध आत्माहरू ठूलो सोरले चिच्च्याउँदै निस्कन लागे, र धेरै जना पक्षाघातका रोगीहरू र लङ्गडाहरू पनि निको पारिए ।"

जति मात्रामा हामी ज्योतिमा हिँडेर पवित्र भई प्रभुसित समरूप हुन्छौं त्यति नै मात्रामा हामीले परमेश्वरको शक्ति प्रकट गर्न सक्छौं । परमेश्वरको शक्ति प्रकट गर्ने मानिसहरू थोरै मात्र हुनुहुन्छ । यद्यपि, परमेश्वरको शक्ति प्रकट गर्नेहरूमध्ये पनि उहाँहरू ज्योतिको परमेश्वरसित समरूप हुनुभएको मात्राअनुसार हरेकले प्रकट गर्ने

शक्तिको परिमाण व्यक्तिपिच्छे फरक हुँदछ ।

के म ज्योतिमा जिइरहेको छु ?

ज्योतिमा हिँड्नेहरूमाथि वर्षिने अद्‌भुत आशिष्‌हरू प्राप्त गर्नको लागि, हामी हरेकले पहिला, "के म ज्योतिमा जिइरहेको छु ?" भनी आफैलाई सोध्नु र जाँचेर हेर्नु पर्दछ ।

तपाईंमा कुनै विशेष समस्या नभएतापनि, तपाईंले ख्रीष्टमा "मनतातो" जीवन जिइरहनु भएको छ कि अथवा पवित्र आत्माको आवाज नसुनेर उहाँको अगुवाइमा हिँड्नबाट वञ्चित हुनुभएको छ कि भनी आफैलाई जाँचेर हेर्नु पर्दछ । यदि त्यसो हो भने, तपाईं आफ्नो आत्मिक निद्राबाट ब्यूँझनु पर्दछ ।

तपाईंले केही हदसम्म दुष्टतालाई त्याग्नु भएतापनि, तपाईं त्यतिमै सन्तुष्ट बन्नु हुँदैन ; एउटा बालक वयस्क व्यक्ति बन्नको लागि परिपक्व हुँदै गएझैं, तपाईं पनि बुवाहरूको विश्वासको तहसम्म पुग्नै पर्छ । परमेश्वरसित गहिरो संचार हुनुको साथै उहाँसित तपाईंहरूको घनिष्ठ संङ्गति हुनुपर्दछ ।

यदि, तपाईं पवित्रतातिर अघि बढिरहनुभएको छ भने, तपाईंले दुष्टताको सानो भन्दा सानो अवशेषसमेत पत्ता लगाएर त्यसलाई बाहिर उखेल्नु पर्दछ । तपाईंमा जति धेरै अख्तियार वा अधिकार हुन्छ त्यति नै तपाईंले सधैं पहिला अरूको सेवा गर्नुपर्छ र अरूको हितको खोजी गर्नुपर्दछ । आफूभन्दा तल्लो तहमा भएकाहरूले तपाईंका गल्तीहरूलाई औंल्याइँ दिँदा तपाईंले ती कुराहरूमा ध्यान पुऱ्याउनु पर्दछ । मानिसको मार्ग देखि बरालिएर खराबी गर्नेहरूसित द्वेष वा असजिलो महसुस गरी सम्बन्ध तोड्

नुको साटो प्रेम र दयामा तपाईंले तिनीहरूलाई सहनु पर्दछ र तीक्ष्णतापूर्वक तिनीहरूको हृदयलाई छुन सक्नुपर्दछ। तपाईंले कसैलाई उपेक्षा गर्नु वा कसैको अपहेलना गर्नु हुँदैन । त्यस्तै तपाईंले आफ्नो स्वधार्मिकतामा अरूलाई बेवास्ता गर्नु वा शान्ति भङ्ग गर्नु हुँदैन ।

मैले आफूभन्दा उमेरमा कम भएका मानिसहरू, गरीब र कमजोर मानिसहरूलाई बढी प्रेम गरेको छु । आफ्नो स्वस्थ छोराछोरी भन्दा कमजोर र बिरामी छोराछोरीहरूको बढी हेरचाह गर्ने आमाबाबु जस्तै, मैले त्यस्तो अवस्थामा भएका मानिसहरूका लागि बढी प्रार्थना गरेको छु, कहिल्यै पनि उहाँहरूलाई बेवास्ता गरेको छैन, र मेरो हृदयको गहिराइदेखि नै उहाँहरूको सेवा गर्न प्रयत्न गरेको छु। ज्योतिमा हिँड्ने मानिसहरूमा ठूलो गल्ती गर्ने व्यक्तिहरूप्रति पनि करुणा हुनुपर्दछ र तिनीहरूको गल्ती अरूसामु प्रकट गरिदिनुको साटो उहाँहरूले तिनीहरूलाई क्षमा गरिदिन र तिनीहरूको दोष ढाकछोप गरिदिन सक्नु पर्दछ।

परमेश्वरको लागि काम गर्दा पनि, तपाईंले आफ्नो योग्यता वा उपलब्धिलाई प्राथमिकता दिनु हुँदैन, तर तपाईंसित काम गर्नेहरूको परिश्रमलाई मान्यता दिनु पर्दछ । अरूको परिश्रमले मान्यता र प्रशंसा पाउँदा तपाईं अझ बढी खुशी र आनन्दित हुनुपर्दछ ।

प्रभुको हृदयसित समरूप हुने आफ्ना छोराछोरीहरूलाई परमेश्वरले कति प्रेम गर्नुहुनेछ भनी के तपाईं कल्पना गर्न सक्नुहुन्छ ? ३०० वर्षसम्म हनोकसँग उहाँ हिँड्नुभएझैं, आफूसित समरूप हुने आफ्ना छोराछोरीहरूसँग परमेश्वर हिँड्नु हुनेछ । यसबाहेक, उहाँले ती सन्तानहरूलाई स्वस्थ्य हुने र सबै कुराहरूमा उन्नति हुने

आशिष् प्रदान गर्नुका साथै उहाँको शक्ति पनि दिनुहुनेछ जसद्वारा परमेश्वरले उहाँहरूलाई मूल्यवान् भाँडाहरूको रूपमा प्रयोग गर्नुहुनेछ ।

त्यसकारण, यदि आफूमा विश्वास छ र परमेश्वरलाई आफूले प्रेम गरेको छु भनी तपाईं सोच्नुहुन्छ भनेतापनि तपाईंको विश्वास र प्रेमले उहाँबाट कत्तिको मान्यता पाएको छ भनी तपाईंहरूले जाँच्नुभएर र ज्योतिमा हिँड्नुभएर तपाईंहरूको जीवन उहाँको प्रेम र उहाँसित गरेको सङ्गतिका प्रमाणहरूले प्रशस्तसित भरिएकोहोस् भनी म हाम्रो प्रभु येशू ख्रीष्टको नाउँमा प्रार्थना गर्दछु !

अध्याय ५

ज्योतिको शक्ति

जुन सन्देश हामीले
उहाँबाट सुन्यौं र तिमीहरूलाई सुनाउँछौं,
त्यो यही हो, कि परमेश्वर ज्योति हुनुहुन्छ, र
उहाँमा कत्ति पनि अँध्यारो छैन

(१ यूहन्ना १:५) ।

परमेश्वरको पुत्र येशूद्वारा प्रकट भएको परमेश्वरको शक्तिको उदेकपूर्ण कार्यद्वारा असंख्य मानिसहरूले मुक्ति, चङ्गाइहरू, र उत्तरहरू प्राप्त गरेका धेरै उदाहरणहरू हामी बाइबलमा पाउँदछौं । येशूले आज्ञा दिनुहुँदा सबै प्रकारका रोगहरू तुरुन्तै निको हुन्थे र दुर्बलहरू बलिया भएर निको हुन्थे ।

अन्धाले देख्न सके, गूँगाले बोल्न सके, र बहिराले सुन्न सके । सुकेको हात निको भयो, लङ्गडाले फेरि हिंड्न थाले, र पक्षाघातीहरू निको भए । यसका अलावा, दुष्टात्माहरू धपाइए र मरेकाहरू पुनर्जीवित भए ।

परमेश्वरको शक्तिका यी आश्चर्यजनक कार्यहरू केवल येशूद्वारा मात्र नभई, पुरानो करारका अगमवक्ताहरू र नयाँ करारका प्रेरितहरूद्वारा पनि प्रकट भए । निस्सन्देह, येशूले प्रकट गर्नुभएको परमेश्वरको शक्तिलाई अगमवक्ता र प्रेरितहरूले प्रकट गर्नुभएको शक्तिसित तुलना गर्न सकिँदैन । तैपनि, येशू र परमेश्वरसित समरूप हुनुभएका मानिसहरूलाई, परमेश्वरले शक्ति दिनुहुन्छ र आफ्नो भाँडोको रूपमा प्रयोग गर्नुहुन्छ । ज्योतिमा हिँडेर पवित्र बन्नु भएका र प्रभुसित समरूप हुनु भएका डिकन स्तिफनस र फिलिपद्वारा पनि ज्योतिको परमेश्वरले आफ्नो शक्ति प्रकट गर्नुभयो ।

प्रेरित पावलले महान् शक्ति प्रकट गर्नुभयो

जसले गर्दा उहाँ "देव" कहलिनु भयो

नयाँ करारका सबै पात्रहरूमध्ये, परमेश्वरको शक्ति प्रकट गर्ने कुरामा प्रेरित पावल येशूपछिको दोस्रो स्थानमा हुनुहुन्छ । उहाँले परमेश्वरलाई नचिनेका अन्यजातिहरूमाझ सुसमाचार प्रचार गर्नुभयो र ती सन्देशहरू चिन्ह र आश्चर्यकर्महरू सहितका अख्तियारपूर्ण सन्देशहरू थिए । यस्तो प्रकारको शक्तिद्वारा, पावलले परमप्रभु साँचो परमेश्वर र येशू ख्रीष्टको बारेमा गवाही दिन सक्नुभयो ।

मूर्ति पूजा र मन्त्रतन्त्र त्यस समयमा बिगबिगी थियो भन्ने तथ्यले त्यहाँ अन्यजातिहरूको बीचमा पनि अरूलाई बहकाउने मानिसहरू थिए भन्ने कुरा बुझाउँदछ । त्यस्ता मानिसहरूलाई सुसमाचार प्रचार गर्नको लागि मन्त्रतन्त्र र दुष्टात्माहरूको कामलाई माथ गर्ने परमेश्वरको शक्तिको काम प्रदर्शन गर्नु आवश्यक थियो (रोमी १५:१८-१९) ।

प्रेरित १४:८ मा प्रेरित पावलले लुस्त्रा भनिने ठाउँमा सुसमाचार प्रचार गर्नुभएको एउटा घटना छ । जब पावलले जन्मैदेखिको लङ्गडालाई “तेरो खुट्टाको भरमा सीधा उभी” भनी आज्ञा दिनुभयो तब त्यो मानिस खडा भयो र हिँड्न थाल्यो (प्रेरित १४:१०) । जब मानिसहरूले यो देखे, तब तिनीहरूले, “देवहरू मान्छेको रूपमा हामीकहाँ ओर्लेर आएछन्” भनी भन्न थाले (प्रेरित १४:११) । प्रेरित २८ अध्यायमा एउटा दृश्य छ जसमा जहाज क्षतिग्रस्त भएपछि प्रेरित पावल माल्टा टापुमा पुग्नुभयो । उहाँले एक बिटा दाउरा जम्मा गर्नुभएर आगोमा हाल्नुहुँदा त्यहाँ तापले गर्दा एउटा सर्प निस्केर आयो र उहाँको हातमा बेह्रियो । यो देखेर, त्यहाँका बासिन्दाहरूले उहाँको शरिर सुन्निनेछ वा अचानक उहाँको मृत्यु हुनेछ भनी सोचे तर जब पावललाई केही पनि भएन तब मानिसहरूले उहाँ देवता हुनुहुन्छ भनी भने (पद ६) ।

प्रेरित पावलको हृदय परमेश्वरको दृष्टिमा उचित भएकोले, उहाँले परमेश्वरको शक्तिको काम प्रकट गर्न सक्नुभयो जसले गर्दा मानिसहरूले उहाँलाई "देवता" भनी स्वीकार गरे ।

ज्योतिको परमेश्वरको शक्ति

कसैले इच्छा गर्दैमा त्यो व्यक्तिलाई शक्ति प्रदान गरिँदैन ; शक्तिचाहिँ परमेश्वर सित समरूप हुनुभएकाहरू र पवित्र भएकाहरूलाई मात्र दिइन्छ । आज पनि, परमेश्वरले यस्ता मानिसहरूको खोजी गरिरहनुभएको छ जसलाई उहाँले आफ्नो शक्ति प्रदान गर्नुभएर महिमाको भाँडोको रूपमा प्रयोग गर्न सक्नुहुन्छ । त्यसै कारणले मर्कूस १६:२० ले हामीलाई यसो भनी स्मरण गराउँदछ, "अनि ती चेलाहरूले गएर सबै ठाउँमा प्रचार गरे । प्रभुले तिनीहरूका साथमा काम गर्दैरहनुभयो, र चिन्हहरूद्वारा वचनलाई सुदृढ पार्नुभयो ।" यूहन्ना ४:४८ मा पनि येशूले भन्नुभएको छ, "तिमीहरू चिन्ह र अचम्मका कामहरू नदेखेसम्म कुनै रीतिले विश्वास गर्दैनौ ।"

असंख्य मानिसहरूलाई मुक्तिको मार्गमा डोऱ्याउनका लागि स्वर्गबाट आउने शक्ति चाहिन्छ जसले चिन्ह र आश्चर्यकर्महरू प्रकट गरी जीवित परमेश्वरलाई पुष्टि गर्दछ । विशेष गरी पाप र दुष्ट अति नै व्याप्त भएको समयमा चिन्ह र आश्चर्यकर्महरूको आवश्यकता झन् बढी हुन्छ ।

जब हामी ज्योतिमा हिँड्छौं र हाम्रा पिता परमेश्वरसित आत्मामा एक हुन्छौं, तब हामी येशूले प्रकट गर्नुभएको जस्तो शक्ति प्रकट गर्न सक्छौं । किनभने हाम्रो प्रभुले

यसरी प्रतिज्ञा गर्नुभएको छ, "साँच्चै म तिमीहरूलाई भन्दछु, जसले मलाई विश्वास गर्दछ, त्यसले मैले गरेका काम पनि गर्नेछ, र तीभन्दा ठूला काम गर्नेछ, किनभने म पिताकहाँ गइरहेछु" (यूहन्ना १४:१२)।

यदि कसैले परमेश्वरको लागि मात्र सम्भव रहेको आत्मिक क्षेत्रको शक्ति प्रकट गर्नुहुन्छ भने उहाँलाई देवता सरहको मान्यता प्राप्त हुन्छ। भजनसंग्रह ६२:११ ले हामीलाई, "परमेश्वरले एउटा कुरो बोल्नुभएको छ, मैले दुइ कुरा सुनेको छु कि हे पर मेश्वर, तपाईं बलिया हुनुहुन्छ" भनी स्मरण गराएझैं शत्रु दियाबलस र शैतानले पर मेश्वरमा निहित रहेको शक्ति प्रकट गर्न सक्दैन। निस्सन्देह, तिनीहरू आत्मिक प्राणी भएकोले मानिसहरूलाई भ्रमित पारेर परमेश्वरको विरोध गर्न बाध्य तुल्याउने शक्ति तिनीहरूसित हुन्छ। तरैपनि एउटा कुरा निश्चित छ : जीवन, मृत्यु, आशिष्, श्राप र मानवजातिको इतिहासलाई नियन्त्रण गर्नुहुने र शून्यताबाट सबै कुरा सृष्टि गर्नुहुने पर मेश्वरको शक्तिको अनुकरण कसैले पनि गर्न सक्दैन। शक्तिचाहिँ ज्योतिको परमेश्वर को क्षेत्रमा पर्दछ र पवित्र भएर येशू ख्रीष्टको विश्वासको नापसम्म पुग्नु भएकाहरूले मात्र यो शक्ति प्रकट गर्न सक्नुहुन्छ।

परमेश्वरको अख्तियार, सामर्थ्य र शक्तिबीच रहेको भिन्नता

परमेश्वरको सामर्थ्यलाई उल्लेख गर्ने क्रममा धेरै मानिसहरूले अख्तियारलाई सामर्थ्य, वा सामर्थ्यलाई शक्तिसित तुलना गर्नुहुन्छ ; तर यी तीनबीच स्पष्ट भिन्नता रहेको छ।

"सामर्थ्य" विश्वासको शक्ति हो जसद्वारा मानिसको लागि असम्भव कुरा परमेश्वर

मा सम्भव हुन्छ । "अख्तियार" परमेश्वरले स्थापित गर्नुभएको भव्य, गौरवपूर्ण, र ऐश्वर्यशाली शक्ति हो, र आत्मिक क्षेत्रमा पापरहित भएको अवस्था नै शक्ति हो । अर्को शब्दमा, अख्तियार आफैमा पवित्रता हो र पूर्णतया आफ्नो हृदयबाट दुष्टता र असत्यता त्याग्नुभएका परमेश्वरका पवित्र छोराछोरीहरूले आत्मिक अख्तियार प्राप्त गर्न सक्नुहुन्छ ।

त्यसोभए, "शक्ति" के हो त ? यसले सबै प्रकारका दुष्टताहरू त्यागेर पवित्र हुनुभएकाहरूलाई परमेश्वरले दिनुहुने सामर्थ्य र अख्तियारलाई जनाउँदछ ।

एउटा उदाहरणलाई हेरौं । यदि सवारी चालकसित गाडी चलाउने "सामर्थ्य" छ भने, यातायात व्यवस्थापन गर्ने ट्राफिक प्रहरीसित कुनै पनि गाडीलाई रोक्ने "अख्तियार" हुन्छ । गाडीलाई रोक्ने वा गुड्न दिने यो अख्तियार सरकारले नै ट्राफिक प्रहरीलाई दिएको हुन्छ । त्यसैकारण, चालकसित गाडी चलाउने "सामर्थ्य" भएतापनि उसमा ट्राफिक प्रहरीको "अख्तियार" नभएकोले, प्रहरीले चालकलाई जाने वा रोक्ने आज्ञा दिँदा उसले पालना गर्नै पर्दछ ।

यसरी, अख्तियार र सामर्थ्य फरक कुरा हुन् र अख्तियार र सामर्थ्य संयुक्त रूपमा एक भएपछि हामी त्यसलाई शक्ति भन्दछौं । मत्ती १०:१ मा हामी यस्तो लेखिएको पाउँदछौं, "उहाँले (येशूले) आफ्ना बाह्र चेलाहरूलाई बोलाएर अशुद्ध आत्माहरू निकाल्ने र हरप्रकारका रोग र दुर्बलता निको पार्ने अधिकार तिनीहरूलाई दिनुभयो ।" शक्तिले दुष्टात्मा धपाउने "अख्तियार" र सबै रोग अनि दुर्बलतालाई निको पार्ने "सामर्थ्य" दुवैलाई जनाउँदछ ।

चङ्गाइको वरदान र शक्तिबीचको भिन्नता

ज्योतिको परमेश्वरको शक्तिसित अपरिचित मानिसहरूले शक्तिलाई चङ्गाइको वरदानसँग दाँज्ने गर्दछन् । १ कोरिन्थी १२:९ मा रहेको चङ्गाइको वरदानले भाइरस संक्रमित रोगहरूलाई नष्ट गर्ने कामलाई बुझाउँदछ । यसले शरीरका अङ्गप्रत्यङ्गहरू बिग्रिएर वा स्नायु कोषहरू मृत भएको कारण हुने बहिरोपन र गूँगोपनलाई निको पार्न सक्दैन । यस्तो प्रकारको रोग र दुर्बलताहरू परमेश्वरको शक्तिद्वारा र उहाँलाई खुशी तुल्याउने विश्वासको प्रार्थनाद्वारा मात्र निको हुन सक्छ । यसका अलावा, ज्योतिको परमेश्वरको शक्ति सधैँभरि प्रकट हुन्छ, तर चङ्गाइको वरदानले सधैँ काम गर्दैन ।

एकातिर, परमेश्वरले चङ्गाइको वरदान ती मानिसहरूलाई दिनुहुन्छ जसको हृदय पूरै पवित्र नभइसकेतापनि उहाँहरूले अरू आत्माहरूलाई प्रेम गर्नुहुन्छ र उहाँहरूको लागि धेरै प्रार्थना गरिदिनुहुन्छ र जसलाई परमेश्वरले साहसी र उपयोगी भाँडाहरू हुन् भनी ठान्नुहुन्छ । तर, यदि चङ्गाइको वरदानलाई उहाँको महिमा लागि नभई अनुचित तवरले आफ्नै लाभको लागि प्रयोग गरियो भने, परमेश्वरले निश्चय नै यसलाई फिर्ता लिनुहुनेछ ।

अर्कोतिर, परमेश्वरको शक्ति पवित्र हृदय भएकाहरूलाई मात्र दिइन्छ ; एकपटक यो शक्ति प्रदान गरिएपछि, यो कमजोर वा नष्ट हुँदैन किनभने यो पाउने व्यक्तिले कहिल्यै पनि यसलाई आफ्नो लाभको लागि प्रयोग गर्नुहुन्न । बरु, त्यो व्यक्तिको हृदय जति बढी प्रभुको हृदयसित समरूप हुँदै जान्छ, त्यति नै मात्रामा उहाँलाई परमेश्वरको

उच्च तहहरूको शक्ति प्रदान गरिनेछ । यदि कुनै व्यक्तिको हृदय र व्यवहार प्रभुसित एक भएको छ भने, उहाँले येशूले गर्नुभएको जस्तै गरी परमेश्वरको शक्ति प्रकट गर्न सक्नुहुन्छ ।

परमेश्वरको शक्ति विभिन्न तरिकाहरूमा प्रकट हुन्छन् । चङ्गाइको वरदानले गम्भीर वा दुर्लभ रोगहरू निको पार्न सक्दैन र थोरै विश्वास भएकाहरूलाई चङ्गाइको वरदानद्वारा निको हुन मुश्किल छ । तथापि, ज्योतिको परमेश्वरको शक्तिमा, कुनै पनि कुरा असम्भव हुँदैन । रोगीबिरामीले आफ्नो विश्वासको सानो प्रमाण मात्र पनि प्रकट गर्दा, परमेश्वरको शक्तिद्वारा तत्कालै चङ्गाइको कार्य प्रकट हुन्छ । यहाँ, "विश्वास" ले आफ्नो मनको केन्द्रदेखि नै विश्वास गर्ने आत्मिक विश्वासलाई जनाउँदछ ।

ज्योतिको परमेश्वरको शक्तिका चार तहहरू

हिजो र आज समान हुनुहुने येशू ख्रीष्टद्वारा, परमेश्वरको नजरमा उपयुक्त भाँडो ठहरिनु भएको व्यक्तिले परमेश्वरको शक्ति प्रकट गर्नुहुनेछ ।

परमेश्वरको शक्ति प्रकट हुने विभिन्न तहहरू छन् । तपाईं जति धेरै आत्माको गहिराइमा जानुहुन्छ त्यति नै मात्रामा उच्च तहको शक्ति तपाईंले प्राप्त गर्नु हुनेछ । आत्मिक आँखा खोलिएका मानिसहरूले परमेश्वरको शक्तिको तह अनुसार विभिन्न प्रकारका ज्योतिहरू प्रदीप्त भएको देख्न सक्नुहुन्छ । सृष्टि गरिएको मानव जातिले परमेश्वरको शक्तिका चार तहसम्म प्रकट गर्न सक्छन् ।

रातो ज्योतिद्वारा प्रकट हुने परमेश्वरको शक्तिको पहिलो तह, जसले पवित्र

आत्माको ज्वालाद्वारा नष्ट गर्ने कार्य गर्दछ ।

रातो ज्योतिद्वारा प्रकट हुने शक्तिको पहिलो तहबाट निस्कने पवित्र आत्माको ज्वालाले किटाणु र भाइरस संक्रमित रोगहरूलाई जलाएर निको पार्दछ । क्यान्सर, फोक्सोको रोग, मधुमेह, रक्त क्यान्सर, मृगौलाको रोग, गठिया बाथ, मुटुको समस्या र एड्स सहितका रोगहरू निको हुन सक्छन् । तरैपनि, माथिका सबै रोगहरू पहिलो तहको शक्तिद्वारा नै निको हुन्छन् भनेर निश्चित रूपमा भन्न सकिँदैन । परमेश्वरले पहिले नै निर्धारण गरिसक्नुभएको जीवनको सीमालाई पार गरिसकेको अवस्था, जस्तो कि क्यान्सर वा फोक्सोको रोगको अन्तिम चरणमा पुगी सकेकाहरूको लागि पहिलो तहको शक्ति पर्याप्त हुँदैन ।

क्षतिग्रस्त भएका वा ठीकसित कार्य गर्न असमर्थ शरीरका भागहरूलाई पुनःसञ्चालनमा ल्याउनका लागि निको पर्ने शक्ति मात्र नभई शरीरका अङ्गहरूलाई नै नयाँ गरी निर्माण गर्ने महान् शक्तिको आवश्यकता पर्दछ । यस्तो अवस्थामा, बिरामीले प्रकट गरेको विश्वासको साथै तिनका परिवारका सदस्यहरूले तिनीप्रति प्रेमका साथ कति मात्रामा आफ्नो विश्वासलाई प्रकट गर्दछन्, सोही अनुरूप परमेश्वरले उहाँको शक्ति प्रकट गर्नु हुनेछ ।

स्थापनाकालदेखि यता, मानमिन केन्द्रीय चर्चमा पहिलो तहको शक्ति कयौं पटक प्रकट भएको छ । मानिसहरूले परमेश्वरको वचन पालन गरेर प्रार्थना ग्रहण गर्दा, सबै प्रकारका र गम्भीर अवस्थाका रोगहरू निको भएका छन् । मानिसहरूले मसित हात मिलाउँदा वा मेरो लुगाको किनारा छुँदा, मैले प्रार्थना गरेको रूमालहरूद्वारा प्रार्थना

"म दिन-रात रुन्थें
मानिसहरूले मलाई "एड्स लागेको व्यक्ति"
भनी अवहेलना गर्दा
मलाई झन् बढी चित्त दुख्थ्यो ।"

प्रभुले मलाई उहाँको शक्तिद्वारा
निको पार्नुभयो
र मेरो परिवारमा खुशी दिनुभयो ।
अहिले म साह्रै खुसी छु !

एड्सबाट निको हुनुभएका [illegible]

ग्रहण गर्दा, र स्वचालित टेलिफोन सन्देशहरूमा रेकर्ड गरिएका प्रार्थनाहरू ग्रहण गर्दा, वा मैले बिरामीको फोटोहरूमा प्रार्थना गर्दा, बारम्बार परमेश्वरको चङ्गाइका कार्यहरू प्रकट भएको हामीले देखेका छौं।

पहिलो तहको शक्तिको कार्य पवित्र आत्माको ज्वालाद्वारा नष्ट हुने कार्यमा मात्र सीमित छैन। विश्वासका साथ प्रार्थना गर्दा र पवित्र आत्माको प्रेरणा र भरपूरी पाउँदा, जो कोहीले पनि केही क्षणको लागि भएतापनि परमेश्वरको शक्तिको महान् कार्य प्रकट गर्न सक्छ। यद्यपि, यो परमेश्वरको इच्छाअनुरूप उपयुक्त भएको समयमा कहिलेकाहीं प्रकट हुने शक्तिको कार्य हो तर यस्तो अवस्थामा परमेश्वरको शक्ति त्यो व्यक्तिलाई स्थायी रूपले नै प्रदान गरिएको छ भन्न मिल्दैन।

शक्तिको दोस्रो तहचाहिँ नीलो ज्योतिद्वारा प्रकट हुने परमेश्वरको शक्ति हो।

मलाकी ४:२ ले हामीलाई भन्दछ, "तर मेरो नाउँको आदर गर्ने तिमीहरूमाथि चाहिँ धार्मिकताको सूर्य आफ्ना पखेटामा आरोग्यता लिएर उदाउनेछ। अनि गोठलाई छोडेर निस्केका बाछ्राजस्तै तिमीहरूचाहिँ बाहिर निस्कनेछौ।" आत्मिक आँखा खोलिएका मानिसहरूले लेजरका किरणहरू जस्तै गरी निस्किएका चङ्गाइका किरणहरू देख्न सक्नुहुन्छ।

दोस्रो तहको शक्तिले अन्धकारलाई हटाउँदछ र भूतात्मा लागेका, शैतानको नियन्त्रणमा रहेका र विभिन्न प्रकारका दुष्टात्माहरूको दमनमा रहेका मानिसहरूलाई स्वतन्त्र बनाउँदछ। अन्धकारको शक्तिले ल्याउने विचारभ्रान्ति, स्नायु दुर्बलता लगायतका मानसिक रोगहरू दोस्रो तहको शक्तिद्वारा निको हुन्छन्।

चौध वर्षसम्म भूतात्माले गाँजेको अवस्थाबाट छुटकारा पाउनुभएकी पाकिस्तानकी शमा मसीज

यदि हामी “सधैं आनन्दित हुन्छौं” र “सबै कुरामा धन्यवाद दिन्छौं” भने यस्ता किसिमका रोगहरूबाट बच्न सक्छौं । सधैं आनन्दित हुनु र सबै परिस्थितिमा धन्यवादी हुनुको साटो यदि तपाईं अरूलाई घृणा गर्नुहुन्छ, खराब भावना राख्नुहुन्छ, नकारात्मक सोच्नुहुन्छ र सजिलैसित रिसाउनु हुन्छ भने तपाईंलाई यस्ता रोगहरू लाग्ने सम्भावना बढी हुन्छ । मानिसलाई दुष्ट विचार र हृदय धारण गर्न उक्साउने शैतानका शक्तिहरू धपाएपछि, ती सबै मानसिक रोगहरू स्वाभाविक रूपले नै निको हुनेछन् ।

समय समयमा, दोस्रो तहको परमेश्वरको शक्तिद्वारा शारीरिक रोग र अशक्तताहरू निको हुन्छन् । भूतात्मा र दियाबलसको कार्यहरूद्वारा लाग्ने यस्ता रोगहरू र अशक्तताहरू परमेश्वरको दोस्रो तहको शक्तिको ज्योतिद्वारा निको हुन्छन् । यहाँ, “अशक्तताहरू” ले शरीरका विभिन्न भागहरूमा भएको क्षय र पक्षाघातलाई जनाउँदछ जस्तो कि गूँगोपन, बहिरोपन, लङ्गडोपना, अन्धोपन, जन्मैदेखि भएको पक्षाघात इत्यादि ।

मर्कूस ९:१४ देखि एउटा घटना छ जसमा येशूले एउटा केटाबाट “बहिरो र गूँगो आत्मा” बाहिर निकाल्नु भएको थियो (पद २५) । ऊभित्र रहेको दुष्टात्माको कारणले गर्दा ऊ बहिरो र गूँगो भएको थियो । जब येशूले त्यस आत्मालाई बाहिर निकाल्नु भयो तब त्यो केटा तुरुन्तै निको भयो ।

यसैगरी, यदि कुनै रोगको कारण भूतात्मा लगायतका अन्धकारका शक्तिहरू हुन् भने, रोगी निको हुनको लागि ती दुष्टात्माहरूलाई बाहिर निकाल्नु पर्दछ । स्नायु दुर्बलताको कारणले गर्दा यदि कसैलाई पाचन प्रणालीमा समस्या छ भने, त्यस्तो अवस्थामा शैतानको शक्तिलाई बाहिर धपाएर समस्याको जरालाई निर्मूल पार्नुपर्दछ ।

पक्षाघात र गठियाबाथ जस्ता रोगहरूमा, अन्धकारको शक्तिका कार्यहरू र तिनका अवशेषहरू पाउन सकिन्छ । कहिलेकाहीँ चिकित्सा प्रविधिद्वारा केही पनि शारीरिक समस्याहरू पत्ता नलागेतापनि मानिसहरूलाई शरीरका विभिन्न ठाउँहरूमा पीडा हुने गर्दछ । यसरी समस्या भोगिरहेका मानिसहरूका लागि मैले प्रार्थना गर्दा, आत्मिक आँखा खोलिएकाहरूले अक्सर घृणित पशुहरूका आकारहरूमा अन्धकारको शक्ति बिर ामीहरूको शरीरबाट निस्किएको देख्नु भएको छ ।

ज्योतिको परमेश्वरको दोस्रो तहको शक्तिद्वारा रोगबिमार र अशक्तताहरूमा हुने अन्धकारका शक्तिहरूलाई मात्र नभई घर, व्यापार, र कार्यक्षेत्रमा रहेका अन्धकारका शक्तिहरूलाई पनि धपाउन सकिन्छ । घरपरिवारमा सतावटमा परेका र कार्यक्षेत्र अनि व्यापारमा समस्याग्रस्त मानिसहरूकहाँ परमेश्वरको शक्तिको दोस्रो तह प्रकट गर्न सक्ने व्यक्ति भेट्न जानुभएको खण्डमा, अन्धकार हटेर ती मानिसहरूमाझ ज्योति आउनेछ, र तिनीहरूका कामहरूअनुसार तिनीहरूमाथि आशिष्हरू वर्षनेछन् ।

परमेश्वरको इच्छा अनुसार मृतकलाई पुनर्जीवित पार्नु वा कसैको जीवनको अन्त्य गर्नु पनि परमेश्वरको शक्तिको दोस्रो तहको कार्य हो । निम्न उदाहरणहरू यस श्रेणीमा पर्दछन् : प्रेरित पावलले युटाइकसलाई जीवित पार्नुभएको (प्रेरित २०:९-१२) ; हननिया र सफीराले प्रेरित पत्रुसलाई छल गरी नतिजास्वरूप उहाँद्वारा दिइएको सरापद्वारा तिनीहरूको मृत्यु भएको (प्रेरित ५:१-११) ; र एलीशाद्वारा बालकहरूलाई सराप दिइएको कारण तिनीहरूको मृत्यु भएको (२ राजा २:२३-२४¬) ।

तरैपनि, येशूले गर्नुभएको काम र प्रेरित पावल र पत्रुस अनि अगमवक्ता एलीशाले

गर्नुभएको काममा आधारभूत भिन्नताहरू छन् । आखिरमा, कुनै पनि व्यक्तिको जीवन र मृत्यु सबै आत्माहरूका प्रभु परमेश्वरको अनुमतिमा निर्भर रहन्छ । यद्यपि, येशू र परमेश्वर एउटै हुनुभएकोले येशूको इच्छा नै परमेश्वरको इच्छा थियो । त्यसैकारण, येशूले केवल उहाँको आज्ञाद्वारा नै मृतकलाई पुनर्जीवित पार्न सक्नुहुन्थ्यो (यूहन्ना ११:४३-४४), तर अन्य अगमवक्ताहरू र प्रेरितहरूले मृतकलाई पुनर्जीवित पार्नको लागि परमेश्वरसित उहाँको इच्छा सोध्नु पर्दथ्यो र उहाँको अनुमति प्राप्त गर्नु पर्दथ्यो ।

परमेश्वरको शक्तिको तेस्रो तह सेतो वा रंगविहिन ज्योतिद्वारा प्रकट हुदँछ र यसमा सबै प्रकारका चिन्हहरू र सृष्टिको कार्य प्रकट हुन्छ ।

ज्योतिको परमेश्वरको शक्तिको तेस्रो तहमा सबै प्रकारका चिन्हहरूका साथै सृष्टिको कार्य प्रकट हुँदछ । यहाँ, "चिन्हहरू" ले चंगाइका कार्यहरूद्वारा अन्धाले देख्नु, गूँगाले बोल्नु र बहिराले सुन्नुलाई जनाउँदछ । लङ्गडाहरू उठ्छन् र हिँड्छन्, छोटो खुट्टा बढेर लामो हुन्छन् र शैशवकालीन पक्षाघात वा मस्तिष्क पक्षाघात पूर्ण रूपमा निको हुन्छन् । जन्मैदेखि विकृत वा पूर्ण रूपले क्षय भएको शरीरका भागहरू पुनःस्थापित हुन्छन् । टुक्रिएका हड्डीहरू फेरि जोडिन्छन्, गुमेका हड्डीहरू पुनःसृष्टि हुन्छन्, छोटा जिब्रोहरू बढ्छन् र तन्तुहरू पुनः जोडिन्छन् । यसका अलावा, तेस्रो तहमा आवश्यकता अनुसार परमेश्वरको शक्तिको पहिलो, दोस्रो र तेस्रो तहका ज्योतिहरू एक साथ प्रकट हुने भएकोले, कुनै पनि प्रकारका रोग वा अशक्तताहरू निको हुनेछन् ।

कसैको शरीर पूर्ण रूपले जलेर शिरदेखि पाउसम्म उसका कोषिकाहरू र मांसपे

"हे परमेश्वर !
यो कसरी सम्भव भयो ?
म कसरी हिँड्न सकें ?"

पुल्पिटबाटै गरिएको प्रार्थनाद्वारा चंगाइ प्राप्त गर्ने केन्याकी एक वृद्ध महिला

शीहरू जलेका छन् भने वा उम्लिरहेको पानी पोखिएर कसैको शरीरका मांशपेशीहरू पोलेतापनि परमेश्वरले सबै कुरा नयाँ गरी सिर्जना गर्न सक्नुहुन्छ । परमेश्वरले शून्यताबाट सबै कुरा सृष्टि गर्न सक्नुहुने भएकोले, उहाँले मेशीनका पार्टपुर्जा जस्ता निर्जीव वस्तुहरू मात्र नभई, अस्वस्थ मानव शरीरका अङ्गहरूलाई पनि ठीक गर्न सक्नुहुन्छ ।

मानमिन केन्द्रीय चर्चमा, रूमालको प्रार्थनाद्वारा वा स्वचालित टेलिफोनको सन्देशमा रेकर्ड गरिएको प्रार्थनाद्वारा, राम्रोसित कार्य नगर्ने वा गम्भीर रूपमा क्षतिग्रस्त भएका आन्तरिक अङ्गहरू निको भएका छन् । नराम्रोसित क्षति पुगेका फोक्सोहरू निको भएका छन् र प्रत्यारोपण गर्नु पर्ने अवस्थामा रहेका मृगौला र कलेजो पनि निको भएका छन् । परमेश्वरको शक्तिको तेस्रो तहमा, सृष्टिको शक्तिका कार्यहरू निरन्तर प्रकट हुन्छन् ।

यहाँ हामीले एउटा कुरा बुझ्नु पर्दछ । एकातिर, यदि शरीरको कुनै कमजोर अङ्ग निको भएको छ भने, त्यो परमेश्वरको शक्तिको पहिलो तहको कार्य हो । अर्कोतिर, यदि निको हुनै नसक्ने अवस्थामा पुगेको शरीरको कुनै अङ्ग निको भएको छ वा नयाँ गरी सृष्टि भएको छ भने त्यो परमेश्वरको शक्तिको तेस्रो तह, सृष्टिको शक्ति हो ।

परमेश्वरको शक्तिको चौथो तह, सुनौलो ज्योतिद्वारा प्रकट हुँदछ, र यो शक्तिको सिद्धता हो ।

येशूले प्रकट गर्नुभएको शक्तिको कार्यद्वारा हामी भन्न सक्छौं कि, शक्तिको चौथो

"पूर्ण रूपले पाकेको अवस्थामा रहेको
आफ्नो शरीरलाई म हेर्न समेत चाहन्नथेँ....

म एक्लो हुँदा,
उहाँ मकहाँ आउनुभयो,
आफ्नो हात मतिर पसार्नुभयो
र मलाई आफ्नो छेउमा राख्नुभ[illegible]

उहाँको प्रेम र समर्पण[illegible]
मैले एक नयाँ जीव[illegible]
मैले प्रभुको लागि
गर्न नसक्ने कुरा केही छ [illegible]

सिनियर डिकनिस इयुनडुक किम,
शिरदेखि पाउसम्मको तेस्रो डिग्रीको जलनबाट
निको हुनुभयो

तहले, सबै कुराहरूलाई नियन्त्रण गर्दछ, मौसमलाई नियन्त्रण गर्दछ र साथै निर्जीव वस्तुहरूलाई समेत आज्ञा पालन गर्न लगाउँदछ। मत्ती २१:१९ मा, जब येशूले नेभार ाको रूखलाई श्राप दिनुभयो, तब हामी पाउँदछौं कि, "त्यो अञ्जीरको रुख तुरुन्तै ओ इलाइहाल्यो।" मत्ती ८:२३ देखि एउटा दृश्य छ जसमा येशूले बतास र छाललाई हप्काउनुभयो र त्यो पूर्ण रूपमा शान्त भयो। प्रकृति अनि बतास र समुद्र जस्ता निर्जीव थोकहरूले पनि येशूको आज्ञा पालन गरे।

एक पटक, येशूले पत्रुसलाई गहिरो पानी भएको ठाउँतिर गएर जाल हान्नको लागि भन्नुभयो, र जब पत्रुसले आज्ञापालन गर्नुभयो, तब उहाँले यति धेरै माछा पक्रनुभयो कि उहाँको जाल नै फाट्न थाल्यो (लूका ५:४-६)। अर्को पल्ट, येशूले पत्रुसलाई भन्नुभयो,"समुद्रमा गएर बल्छी हान, र पहिले परेको माछा ल्याऊ। त्यसको मुख खोल्दा तिमीले एउटा चाँदीको सिक्का पाउनेछौ। त्यो लगेर तिम्रो र मेरो निम्ति तिनीहरूलाई देऊ" (मत्ती १७:२४-२७)।

परमेश्वरले उहाँको वचनद्वारा ब्रह्माण्डका सबै कुराहरू सृष्टि गर्नुभएकोले गर्दा, येशूले ब्रह्माण्डलाई आज्ञा दिनुहुँदा, त्यसले उहाँको आज्ञा पालन गऱ्यो र त्यो कुरा वास्तविकता बन्न पुग्यो। यसरी नै हामीले एकपटक साँचो विश्वास धारण गरेपछि, हामीले आशा गरेको कुराको निश्चयता हामीमा हुन्छ र हामीले नदेखेका कुराहरूमा हामी भरोसा गर्न सक्छौं (हिब्रू ११:१), अनि शून्यताबाट सबै कुरा सृष्टि हुने शक्तिको कार्य प्रकट हुनेछ।

यसबाहेक, परमेश्वरको शक्तिको चौथो तहमा, समय र दूरीलाई माथ गर्ने कार्य प्रकट हुन्छ

येशूले प्रकट गर्नुभएको परमेश्वरको शक्तिका कार्यहरूमध्ये, केहीले समय र दूरीलाई माथ गरेका थिए । मर्कूस ७:२४ देखि एउटा दृश्य छ जसमा एउटी स्त्रीले भूतात्माले छोपेको आफ्नी छोरीलाई निको पार्न येशूसँग बिन्ती गरिन् । ती स्त्रीको नम्रता र विश्वास देखेर येशूले तिनलाई भन्नुभयो,"तिमीले यसो भनेको कारण नै तिमी घर जाऊ । तिम्री छोरीबाट भूत निस्केर गएको छ" (पद २९) । जब तिनी घर फर्किन्, तब तिनले आफ्नी छोरीलाई खाटमा सुतिरहेकी र त्यसबाट भूतचाहिँ निस्किसकेको भेट्टाइन् ।

येशूले हरेक बिरामीलाई व्यक्तिगत रूपमा नभेट्नु भएतापनि, ती बिरामीहरूको विश्वासलाई देख्नु भएर उहाँले आज्ञा गर्नुहुँदा, समय र दूरीलाई माथ गर्ने चङ्गाइका कार्यहरू प्रकट भए ।

केवल येशूले मात्र प्रकट गर्नुभएको शक्तिको कार्य, उहाँ पानीमाथि हिँड्नुभएको घटनाले पनि यस ब्रह्माण्डका सबै थोक येशूको अख्तियारमुनि छ भन्ने तथ्यलाई पुष्टि गर्दछ ।

यसबाहेक, येशूले यूहन्ना १४:१२ मा हामीलाई भन्नुभएको छ, "साँच्चै म तिमीहरूलाई भन्दछु, जसले मलाई विश्वास गर्दछ, त्यसले मैले गरेका काम पनि गर्नेछ, र तीभन्दा ठूला काम गर्नेछ, किनभने म पिताकहाँ गइरहेछु ।" उहाँले हामीलाई आश्वस्त पार्नुभएझैं, परमेश्वरको शक्तिका उदेकपूर्ण कार्यहरू मानमिन केन्द्रीय चर्चमा अहिले साँच्चिकै प्रकट भइरहेका छन् ।

उदाहरणको लागि, मौसम परिवर्तन हुने विभिन्न प्रकारका आश्चर्यकर्महरू भएका

छन् । मैले प्रार्थना गर्दा, ठूलो वर्षा पनि आँखाको एक निमेषमै रोकिन्छ, अत्यन्तै कालो बादल हटेर जान्छ र सफा आकाश एकै पलमा बादलले भरिन्छ । मैले प्रार्थना गरेपछि निर्जीव वस्तुहरूले समेत आज्ञा पालन गरेका अनगिन्ती उदाहरणहरू पनि छन् । प्राणघातक कार्बन मोनोअक्साइडको विषाक्तताामा समेत मैले आज्ञा दिएको, एक वा दुई मिनेटपछि बेहोस भएको व्यक्ति होशमा आउनुभयो र उहाँमा विषाक्तताका कुनै प्रतिअसरहरू देखिएन । तेस्रो डिग्रीको जलनबाट पीडित व्यक्तिको लागि मैले "जलन र पोलाइ हटिजा" भनी प्रार्थना गर्दा त्यस व्यक्तिको पीडा हटेर गयो ।

यसको अलावा, समय र दूरीलाई माथ गर्ने परमेश्वरको शक्तिको कार्य अझ बढी मात्रामा र ठूलो संख्यामा प्रकट भइरहेको छ । पाकिस्तान मानमिन चर्चका सिनियर पास्टर विल्सन जोन गिलकी छोरी सिन्थियाको घटना विशेषगरी उल्लेखनीय छ । मैले हजारौं माइल टाढा सियोल, कोरियाबाट डाक्टरहरूले आशा मारिसकेको सिन्थियाको लागि उहाँको तस्वीरमा प्रार्थना गर्दा, मैले प्रार्थना गरेको क्षण देखि नै तत्कालै उहाँको स्वास्थ्यमा सुधार आयो ।

शक्तिको चौथो तहमा-रोगहरू निको पार्ने, अन्धकारका शक्तिहरूलाई हटाउने, चिन्ह र आश्चर्यकर्महरू प्रकट गर्ने, र सबै कुराहरूलाई आज्ञा पालन गर्न आदेश दिने-शक्तिको पहिलो, दोस्रो, तेस्रो, र चौथो तहका कार्यहरू संयुक्त रूपमा प्रकट हुँदछन् ।

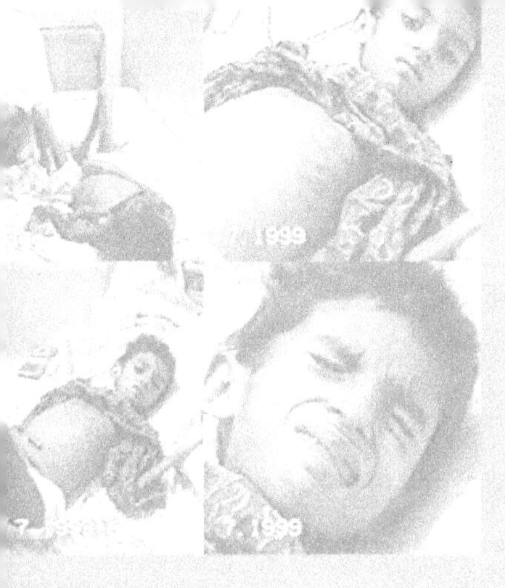

सृष्टिको सर्वोच्च शक्ति

शक्तिको चौथो तहभन्दा पनि उच्चतम शक्ति येशूले प्रकट गर्नुभएको घटना बाइबलमा उल्लेखित छ । शक्तिको यो तह, सर्वोच्च शक्ति, सृष्टिकर्ताको अधीनमा छ । यो शक्तिचाहिँ मानव जातिले उहाँको शक्ति प्रकट गर्न सक्ने तहभन्दा बेग्लै तहको शक्ति हो । परमेश्वर एक्लै अस्तित्वमा रहनुहुँदा प्रदीप्त भएको मौलिक ज्योतिबाट यो शक्ति आउँदछ ।

यूहन्ना ११ अध्यायमा, येशूले चार दिन अघि मृत्यु भएर शरीर गन्हाउन थालिसकेको लाजरसलाई यसरी आज्ञा दिनुभयो, "लाजरस, बाहिर निस्की आऊ !" उहाँको आज्ञामा, मृत मानिस त्यसको हात र खुट्टा पट्टीले बाँधिएकै, र अनुहार लुगाले बेह्रिएकैमा बाहिर निस्की आयो (पद ४३-४४) ।

सबै प्रकारका दूष्टताहरूलाई त्यागेर पवित्र भई आफ्नो पिता परमेश्वरको हृदयसित समरूप हुनुभएर सम्पूर्ण आत्मामा प्रवेश गर्नुभएको व्यक्ति आत्मिक राज्यमा प्रवेश गर्न सक्नुहुन्छ । जति धेरै मात्रामा उहाँले आत्मिक राज्यको ज्ञान प्राप्त गर्नुहुन्छ, त्यति नै उहाँले प्रकट गर्नुहुने परमेश्वरको शक्ति चौथो तहको शक्तिभन्दा माथिल्लो तहको हुनेछ ।

त्यसबेला, उहाँ केवल परमप्रभु परमेश्वरले मात्र प्रकट गर्न सक्नुहुने शक्तिको त्यो तहमा पुग्नुहुनेछ, जुनचाहिँ सृष्टिको सर्वोच्च शक्ति हो । जब कुनै मानिसले पूर्ण रूपमा यो गर्न सक्नुहुन्छ, तब परमेश्वरले सृष्टिको समयमा आफ्नो वचनद्वारा ब्रह्माण्डका सबै थोकहरू सृष्टि गर्नुभएझैं, उहाँले पनि सृष्टिका आश्चर्यजनक कार्यहरू प्रकट गर्न

सक्नुहुनेछ ।

उदाहरणको लागि, उहाँले कुनै अन्धो मानिसलाई, "आफ्ना आँखाहरू खोल्नुहोस्" भनी आज्ञा दिनुहुँदा, त्यो अन्धो मानिसका आँखा तुरुन्तै खोलिनेछन् । उहाँले कुनै गूँगो मानिसलाई "बोल्नुहोस्" भनी आज्ञा दिनुभयो भने त्यो गूँगो मानिसले तुरुन्तै बोल्न थाल्नेछ । उहाँले कुनै लङ्गडोलाई "उठ" भनी आज्ञा दिनु भयो भने त्यो मानिस उठेर हिंड्न र दौडन थाल्नेछ । उहाँले आज्ञा गर्नुहुँदा, शरीरका दागहरू निको हुनेछन् र कुहिन थालेको शरीरका भागहरू पनि नयाँ गरी पलाउने छन् ।

यी सबै कुरा समय शुरु हुनुभन्दा अघिदेखि नै ज्योति र आवाजको रूपमा अस्तित्वमा रहनुभएको परमेश्वरको ज्योति र आवाजद्वारा पूरा हुन सक्दछ । जब ज्योतिमा भएको सृष्टिको असीमित शक्तिलाई आवाजले खिँच्दछ, तब ज्योति ओर्लनु भएर शक्तिको कार्य प्रकट हुनेछ । यसरी परमेश्वरले तोकिदिनु भएको जीवनको सीमाभन्दा पर गएकाहरू र शक्तिको पहिलो, दोस्रो, वा तेस्रो तहले निको पर्न नसक्ने रोग र अशक्तताहरू निको हुन सक्छन् ।

ज्योतिको परमेश्वरको शक्ति प्राप्त गर्न

हामी कसरी ज्योतिको परमेश्वरको हृदयसित समरूप हुन, उहाँको शक्ति प्राप्त गर्न र असंख्य मानिसहरूलाई मुक्तिको बाटोमा डोऱ्याउन सक्छौं त ?

सर्वप्रथम, हामी सबै प्रकारका दुष्टताहरूबाट अलग रहेर पवित्र हुनुको साथै,

भलाइको हृदय प्राप्त गरी हामीले सर्वोत्तम भलाइको चाहना राख्नु पर्दछ ।

यदि तपाईले आफ्नो जीवनलाई साह्रै कठिन बनाइदिने वा तपाईंलाई हानि पुऱ्याउने व्यक्तिको विरुद्धमा कत्ति पनि नराम्रो भावना वा असहजता महसुस गर्नु भएन भने, के तपाईंले भलाइको हृदय सम्वर्द्धन गर्नु भएको छ भनी भन्न मिल्छ त ? होइन, मिल्दैन । हृदयमा कुनै नराम्रो भावना वा असहजता महसुस नगरेतापनि र तपाईंले धैर्यधारणका साथ सहनु भएतापनि, परमेश्वरको दृष्टिमा यो भलाइको केवल पहिलो चरण मात्र हो ।

भलाइको उच्च तहमा हुनुभएकाहरूले, आफ्नो जीवनलाई कठिन बनाइदिने वा आफूलाई हानि पुऱ्याउने व्यक्तिहरूको हृदयलाई छुन सक्ने किसिमले बोल्नुहुन्छ र व्यवहार गर्नुहुन्छ । परमेश्वर खुशी हुनुहुने सर्वोत्तम भलाइको तहमा हुनु भएका मानिसहरूले, आफ्ना शत्रुहरूको खातिर आफ्नो जीवन समेत दिन सक्नुपर्दछ ।

येशूमा सर्वोत्तम भलाइ भएको कारण, आफूलाई क्रूसमा टाँग्ने मानिसहरूलाई उहाँले क्षमा दिन सक्नुभयो र ती मानिसहरूका लागि उहाँले आफ्नो जीवन अर्पण गर्न सक्नुभयो । मोशा र प्रेरित पावल दुवै जना, उहाँहरूलाई मार्न खोजिरहेका मानिसहरूका निम्ति आफ्नो जीवन दिन इच्छुक हुनुहुन्थ्यो ।

ठूला-ठूला चिन्हहरू र आश्चर्यकर्महरू देखेतापनि मूर्तिपूजा गर्ने, गनगन गर्ने र परमेश्वरको विरुद्धमा असन्तोष व्यक्त गरेर उहाँको विरोध गर्ने इस्राएलका मानिसहरूलाई, जब परमेश्वरले नाश गर्न लाग्नु भएको थियो, तब मोशाको प्रतिक्रिया कस्तो थियो ? उहाँले हार्दिकतापूर्वक परमेश्वरसित यसरी अन्तर्बिन्ती गर्नुभयो, "तापनि तपाईंले तिनीहरूको पाप क्षमा गर्नुहुन्छ होलाहुन्न भनेता, तपाईंले लेख्नुभएको

पुस्तकबाट मेरो नाउँनिशानै मेटिदिनुहोस्!" (प्रस्थान ३२:३१:३२) । प्रेरित पावल पनि यस्तै हुनुहुन्थ्यो । उहाँले रोमी ९:३ मा यसरी आफ्नो अभिव्यक्ति दिनुभयो, "म त यहाँसम्म पनि चाहन सक्थेँ कि मेरा भाइहरू र मेरा जातिको नाताले मेरा कुटुम्बहरूका खातिर म नै श्रापित होऊँ, र ख्रीष्टबाट परित्यक्त होऊँ ।" पावलले सर्वोत्तम भलाइ सम्वर्द्धन गर्नुभएको थियो, त्यसैले परमेश्वरको महान् शक्ति सँधै उहाँको साथमा थियो ।

अर्को, हामीले आत्मिक प्रेम सम्वर्द्धन गर्नु पर्दछ ।

आजकाल प्रेम एकदमै घटेर गइरहेको छ । मानिसहरूले एक अर्कालाई "म तिमीलाई प्रेम गर्छु" भनी भनेतापनि, समय बित्दै जाँदा यस्तो "प्रेम" धेरै जसो परिवर्तन हुने शारीरिक प्रेममा परिणत भएको हामी देख्दछौं । परमेश्वरको प्रेम दिनप्रतिदिन फैलिँदै जाने आत्मिक प्रेम हो र यसलाई १ कोरिन्थी १३ अध्यायमा विस्तृत रूपमा वर्णन गरिएको छ ।

पहिलो, "प्रेम सहनशील हुन्छ र दयालु हुन्छ । प्रेमले डाह गर्दैन न शेखी गर्छ ।" हाम्रो प्रभुले हाम्रा सबै पाप र अपराधहरू क्षमा गरिदिनु भएको छ र क्षमा पाउन अयोग्य मानिसहरूलाई समेत धैर्यपूर्वक पर्खिएर उहाँले मुक्तिको बाटो खोलिदिनु भएको छ । यद्यपि, हामीले प्रभुको लागि हाम्रो प्रेम स्वीकार गरेतापनि, के हामी हाम्रा भाइबहिनीहरूका पाप र अपराधहरू प्रकट गरिदिन हतार गर्दछौं ? कुनै कुरा वा कोही व्यक्ति हामीलाई मन नपरेमा के हामी चाँडै अरूको न्याय गर्ने र अरूलाई दोष लगाउने गर्दछौं ? अरूको उन्नति भइरहेको देख्दा के हामी डाह गर्दछौं वा निराश

बन्दछौं ?

अर्को, प्रेम "हठी हुँदैन, न ढीट हुन्छ" (पद ५) । बाहिरी रूपले हेर्दा हामीले प्रभुलाई महिमा दिइरहेको जस्तो देखिएतापनि, यदि हामीमा अरूबाट मान्यता प्राप्त गर्ने, आफै लाई उचाल्ने, वा हाम्रो पद वा अख्तियारको कारण अरूलाई तुच्छ ठान्ने वा सिकाउन खोज्ने हृदय छ भने, यो धाक लगाउनु र घमण्डी हुनु हो ।

थपअझ, प्रेमले, "आफ्नै कुरामा जिद्दी गर्दैन, झर्को मान्दैन, खराबीको हिसाब राख्दै न" (पद ५) । परमेश्वर र मानिसहरूप्रतिको हाम्रो अशिष्ट व्यवहार, सजिलै परिवर्तन हुने हाम्रो अस्थिर हृदय र मन, अरूलाई नोक्सानी पुऱ्याएर भएपनि महान् बन्ने हाम्रो प्रयास, सजिलैसित आउने दुष्टभावनाहरू, अरूप्रति नकारात्मक र दुष्ट सोचाइ राख्ने हाम्रो प्रवृति इत्यादि जस्ता कुराहरूमा प्रेम हुँदैन ।

यसका अलावा, प्रेम "खराबीमा प्रसन्न हुँदैन, तर ठीक कुरामा रमाउँछ" (पद ६) । यदि हामीमा प्रेम छ भने, हामी सधैं सत्यतामा हिँड्नु पर्दछ र आनन्दित हुनुपर्दछ । ३ यूहन्ना १:४ ले हामीलाई, "मेरा छोराछोरीहरू सत्यको अनुसरण गर्छन् भन्ने कुरा सुन्न पाउनुभन्दा अरू बढी आनन्दको कुरा मेरो लागि के हुन सक्छ र" भनेझैं सत्यता हाम्रो खुशी र आनन्दको स्रोत हुनुपर्दछ ।

अन्तमा, प्रेमले "सबै कुरा सहन्छ, सबै कुराको पत्यार गर्छ, सबै कुरामा आशा राख्छ, सबै कुरामा स्थिर रहन्छ" (पद ७) । परमेश्वरलाई साँच्चै प्रेम गर्नेहरूले परमेश्वर

को इच्छालाई जान्नुहुन्छ, र यसरी उहाँहरूले सबै कुराहरूमा विश्वास गर्न सक्नुहुन्छ। हाम्रा प्रभुको पुनरागमन, विश्वासीहरूको पुनरुत्थान, स्वर्गीय इनामहरू इत्यादिमा हार्दिकतापूर्वक आशा राख्ने र विश्वास गर्ने मानिसहरूले माथिका कुराहरूमा आशा र ाख्नु हुनेछ, सबै कठिनाइहरू सहनुहुनेछ र परमेश्वरको इच्छा पूरा गर्न प्रयास गर्नुहुनेछ।

भलाइ, प्रेम र यस्तै अरू बाइबलमा उल्लेख गरिएका सत्यताहरू पालना गर्ने मानिसहरूप्रति आफ्नो प्रेमको प्रमाण देखाउन ज्योतिको परमेश्वरले आफ्नो शक्ति ती मानिसहरूलाई वरदानको रूपमा दिनुहुन्छ। त्यस्तै, उहाँ ज्योतिमा हिँड्न प्रयास गने हरूसँग भेट्न र उहाँहरूलाई उत्तर दिन उत्सुक हुनुहुन्छ।

त्यसकारण, आफैलाई जाँचेर हेरी पत्ता लगाएर आफ्नो हृदय चिरेर पश्चात्ताप गर ी, परमेश्वरको आशिष् र उत्तर प्राप्त गर्न चाहनु हुने तपाईंहरू सबै उहाँको सामु तयारी भाँडाहरू बन्नु भएको होस् र परमेश्वरको शक्ति अनुभव गर्नु भएको होस् भनी म हाम्रा प्रभु येशू ख्रीष्टको नाउँमा प्रार्थना गर्दछु!

अध्याय ६

अन्धाहरूका आँखा खुल्नेछन

संसार शुरू भएदेखि यसो
जन्मैको अन्धाका आँखा
कसैले पनि खोलिदिएको कुरा कहिल्यै सुनिएन ।
यदि यी मानिस परमेश्वरबाट नआउनुभएको भए
उहाँले केही गर्न सक्नुहुनेथिएन

(यूहन्ना ९:३२-३३) ।

प्रेरित २:२२ मा येशूको चेला पत्रुसले पवित्र आत्मा प्राप्त गर्नुभएपछि योएल अगमवक्ताका वचनहरू उद्धृत गर्दै यहूदीहरूलाई यसो भन्नुभयो, "इस्राएलका मानिस हो, यी कुरा सुन्नुहोस्, नासरतका येशू यस्ता व्यक्ति हुनुहुन्थ्यो, जसलाई परमेश्वरले शक्तिशाली कामहरू, अचम्मका कामहरू र चिन्हहरूद्वारा तपाईंहरूका सामुन्ने प्रमाणित गर्नुभयो । तपाईंहरूलाई थाहै छ कि परमेश्वरले तपाईंहरूका बीचमा यी कामहरू उहाँद्वारा गर्नुभएको हो ।" यहूदीहरूले क्रूसमा टाँगेका येशू नै पुरानो करारमा पछि आउनुहुनेछ भनी भविष्यवाणी गरिएको मसीह हुनुहुन्छ भन्ने कुरा येशूले प्रकट गर्नुभएका महान् शक्तिका कार्यहरू, चिन्हहरू र आश्चर्यकर्महरूबाट प्रमाणित हुन्छ ।

यसबाहेक, पवित्र आत्मा प्राप्त गर्नुभएपछि र पवित्र आत्माले उहाँलाई शक्ति दिनुभएपछि पत्रुस आफैले परमेश्वरको शक्ति प्रकट गर्नु भयो । उहाँले एक जना लङ्गडो भिखारीलाई निको पार्नुभयो (प्रेरित ३:८) र यहाँसम्म कि मानिसहरूले सडक-सडकमा बिरामीहरूलाई ल्याए र पत्रुस आउनुहुँदा उहाँको छाया मात्र भएपनि तिनीहरूमध्ये केही-कोहीमाथि परोस् भनी ओछ्यान र खाटहरूमा तिनीहरूलाई लेटाइराख्थे (५:१५) ।

शक्तिचाहिँ, त्यो शक्ति प्रकट गर्ने मानिससित परमेश्वर हुनु भएको प्रमाण हो र अविश्वासीको हृदयमा विश्वासको बीउ रोप्ने निश्चित तरिका हो, त्यसैले आफ्नो दृष्टिमा योग्य ठहरिएकाहरूलाई परमेश्वरले शक्ति दिनुहुन्छ ।

येशूले जन्मैदेखिको एक अन्धोलाई निको पार्नु भयो

यूहन्ना ९ अध्यायको शुरुमा, येशू बाटोमा जाँदै गर्नु हुँदा, उहाँले एक जना जन्मैदेखिको अन्धालाई भेट्टाउनु भयो । त्यो मानिस किन जन्मैदेखि अन्धा भयो भनी येशूका चेलाहरू जान्न चाहनुहुन्थ्यो ।"रब्बी, कसले पाप गऱ्यो, यसले कि यसका आमा-बाबुले, र यो अन्धो जन्म्यो ?" (पद २) भन्ने प्रश्नको जवाफमा, परमेश्वरको काम त्यस मानिसको जीवनमा प्रकट होस् भन्ने हेतुले त्यो मानिस अन्धो जन्मियो भनेर येशूले उहाँहरूलाई भन्नुभयो (पद ३) । त्यसपछि, उहाँले भुइँमा थुक्नु भयो र थुकले माटो मुछेर लेप बनाई तिनको आँखामा लगाइदिनुभयो र "जाऊ सिलोआमको (जसको अर्थ हो, पठाइएको) तलाउमा गएर पखाल" (पद ६-७) भनी आज्ञा दिनुभयो । ती मानिसले तुरुन्तै आज्ञा पालन गरेर सिलोआमको तलाउमा गई पखाल्दा तिनका आँखा खुले ।

येशूले थुप्रै मानिसहरूलाई निको पार्नु भएको घटना बाइबलमा भएतापनि, एउटा कुरामा यी जन्मैदेखिको अन्धो मानिस अरूभन्दा भिन्न छन् । आफूलाई निको पार्नका लागि तिनले येशूसित आग्रह गरेका थिएनन् ; बरु येशू आफै तिनीकहाँ आउनु भएर तिनलाई पूर्ण रूपले निको पार्नुभयो ।

त्यसोभए किन, यी जन्मैदेखिको अन्धो मानिसले यस्तो प्रशस्त अनुग्रह प्राप्त गरे त ?

सर्वप्रथम, ती मानिस आज्ञाकारी थिए ।

येशूले गर्नु भएका कार्यहरू- भुइँमा थुक्नु, माटोको लेप बनाउनु, त्यो लेप अन्धो मानिसको आँखामा लगाइदिनु र ती मानिसलाई सिलोआमको तलाउमा गएर धोऊ भनी भन्नु- यी कुनै पनि कुरा साधारण मानिसले बुझ्न सक्ने कुरा थिएनन् । जन्मैदेखिको अन्धाको आँखामा माटोको लेप लगाएर त्यसलाई पानीले पखालेपछि दृष्टि शक्ति

फर्कनेछ भन्ने कुरामा विश्वास गर्न मानिसको सहज बुद्धिले दिँदैन । थपअभ्र, ती व्यक्तिले पनि येशू को हुनुहुन्छ भनी थाहा नपाईकनै, यस्तो आज्ञा सुनेका भए, तिनी र अन्य मानिसहरूले अविश्वास गर्ने मात्र होइन, तर निश्चय नै रिसाउने पनि थिए । यद्यपि, ती मानिसले त्यस्तो गरेनन् । येशूले आज्ञा दिनुभएपछि, तिनले तत्कालै आज्ञा पालन गरे र सिलोआमको तलाउमा गएर आफ्नो आँखा पखाले । अन्ततः आश्चर्यजनक रूपमा जन्मैदेखि बन्द रहेको तिनका आँखा, पहिलो पटक खुले र तिनले देख्न थाले ।

यदि तपाईंलाई परमेश्वरको वचन मानिसको विवेक वा अनुभवसित मेल खाँदैन भन्ने लाग्छ भने, यी जन्मैदेखिको अन्धा मानिसलेझैं नम्र हृदयका साथ उहाँको वचन पालन गर्न प्रयास गर्नुहोस् । तब परमेश्वरको अनुग्रह तपाईंमाथि आउनेछ र ती जन्मै देखिको अन्धो मानिसको आँखा खोलिएझैं, तपाईंले पनि आश्चर्यकर्महरू अनुभव गर्न सक्नुहुनेछ ।

दोस्रो, सत्य र असत्य पहिचान गर्न सक्ने गरी ती जन्मैदेखिको अन्धो मानिसका आत्मिक आँखाहरू खुला थिए

ती अन्धो मानिस निको भइसकेपछि तिनले यहूदीहरूसँग गरेको कुराकानीबाट हामी यो भन्न सक्छौं कि तिनका आँखाहरू शारीरिक रूपमा बन्द भएतापनि, हृदयको भलाइद्वारा तिनले गलत र सही कुरा छुट्याउन सक्थे । यसको विपरित, यहूदीहरूचाहिँ आत्मिक रूपले अन्धो थिए र व्यवस्थाको अलचिलो सीमाभित्र जेलिएका थिए । जब यहूदीहरूले चङ्गाइको बारेमा विस्तृत रूपमा सोधे, तब ती अन्धो मानिसले साहसी भई यसरी घोषणा गरे, “येशू भन्ने एउटा मानिसले माटोको लेप बनाएर मेरा आँखामा लगाइदिएर मलाई भन्नुभयो ‘सिलोआममा जाऊ र पखाल ।’ तब गएर मैले पखालें, र

म देख्ने भएँ" (पद ११) ।

विश्वास नलागेर जब यहूदीहरूले ती निको भएको अन्धो मानिसलाई, "उसले तेरा आँखा खोलिदिएछ, अब उसको विषयमा तँ के भन्छस् ?" भनी सोधखोज गरे, तब तिनले यसरी जवाफ दिए, "उहाँ अगमवक्ता हुनुहुन्छ" (पद १७) । येशूसित जन्मैदेखिको अन्धोलाई निको पार्ने पर्याप्त शक्ति भएकोले उहाँ परमेश्वरको जन हुनुपर्छ भनी ती मानिसले सोचेका थिए । तर विडम्बनाको कुरा, ती यहूदीहरूले उनलाई हप्काएर यसो भने, "परमेश्वरलाई महिमा दे । हामी जान्दछौं यो मान्छे पापी हो" (पद २४) ।

तिनीहरूको दाबी कति तर्कहीन छ ? परमेश्वरले पापीहरूका प्रार्थनाको उत्तर दिनुहुन्न । न त उहाँले कुनै पापीलाई अन्धाको आँखा खोल्ने शक्ति र महिमा प्राप्त गर्ने अवसर नै दिनुहुन्छ । यहूदीहरूले यो कुरा विश्वास गर्न र बुझ्न नसकेतापनि, ती अन्धो मानिसले यसो भन्दै साहसी र सत्यतापूर्ण स्वीकारोक्ति दिइरहे, "हामी जान्दछौं कि परमेश्वर पापीहरूका कुरा सुन्नुहुन्न, तर परमेश्वरको भय मान्ने र उहाँको इच्छा पालन गर्ने व्यक्तिको कुरा सुन्नुहुन्छ । संसार शुरू भएदेखि यसो जन्मैको अन्धाका आँखा कसैले पनि खोलिदिएको कुरा कहिल्यै सुनिएन । यदि यी मानिस परमेश्वरबाट नआउनुभएको भए उहाँले केही गर्न सक्नुहुनेथिएन" (पद ३१-३३) ।

सृष्टिको समयदेखि नै कुनै अन्धोको आँखा कहिल्यै पनि नखोलिएकोले गर्दा ती मानिसको खबर सुन्ने व्यक्ति तिनीसित रमाउनु र आनन्दित हुनु पर्दथ्यो । यसको विपरित, यहूदीहरूले न्याय गरे, दोष लगाए, र शत्रुता देखाए । ती यहूदीहरू आत्मिक रूपमा पनि अनभिज्ञ भएकोले परमेश्वरले नै गर्नुभएको कार्यलाई तिनीहरूले परमेश्वर विरुद्धको कार्य हो भनी ठाने । तरैपनि, बाइबलले हामीलाई बताउँदछ कि, केवल परमेश्वरले मात्र अन्धाका आँखा खोल्न सक्नुहुन्छ ।

भजनसंग्रह १४६:८ ले हामीलाई यसरी स्मरण गराउँदछ, "परमप्रभुले अन्धाहरूका

आँखा खोलिदिनुहुन्छ । परमप्रभुले दबिएकाहरूलाई उठाउनुहुन्छ । परमप्रभुले धर्मीजनलाई प्रेम गर्नुहुन्छ ।" यशैया २९:१८ ले पनि हामीलाई भन्दछ, "त्यो दिन बहिराले पुस्तकको मुट्ठामा लेखिएका वचन सुन्नेछ, र घोर अँध्यारोबाट अन्धाको आँखाले देख्नेछ ।" त्यस्तै, यशैया ३५:५ मा यस्तो लेखिएको छ, "तब अन्धाहरूका आँखा खोलिनेछन्, र बहिराहरूका कान उघारिनेछन् ।" यहाँ "त्यो दिन" र "तब" ले येशू आउनुभएको र अन्धाका आँखाहरू खोलिदिनु भएको समयलाई जनाउँदछ ।

धर्मशास्त्रका यी खण्डहरू र यो कुरा स्मरण गराउने ती पदहरूका बावजुद पनि, आफ्नो कठोर सीमा र दुष्टतामा यहूदीहरूले येशूमार्फत् प्रकट भएको परमेश्वरको कार्यमा विश्वास गर्न सकेनन् र उल्टो येशूलाई परमेश्वरको वचन उल्लङ्घन गर्ने एक पापीको रूपमा दोष लगाए । ती जन्मैदेखिको अन्धामा व्यवस्थाको त्यति धेरै ज्ञान नभएतापनि, आफ्नो असल विवेकमा तिनलाई यो सत्यता थाहा थियो : परमेश्वरले पापीहरूको प्रार्थना सुन्नुहुन्न । ती मानिसलाई यो पनि थाहा थियो कि अन्धोपना केवल परमेश्वरले मात्र निको पार्न सक्नु हुन्छ ।

तेस्रो, परमेश्वरको अनुग्रह प्राप्त गरेपछि, ती अन्धो मानिस प्रभुको सामु आए र तिनले पूर्ण रूपमा एक नयाँ जीवन जिउने अठोट गरे ।

आजको दिनसम्म, मानमिन केन्द्रीय चर्चमा मैले अनगिन्ती उदाहरणहरू देखेको छु, जसमा मृत्युको मुखमा पुगेका मानिसहरूले सामर्थ्य पाउनुभएको छ र जीवनका हरेक प्रकारका समस्याहरूका उत्तरहरू प्राप्त गर्नुभएको छ । तरैपनि, परमेश्वरको अनुग्रह प्राप्त गरेपछि, आफ्नो हृदय परिवर्तन गर्ने र विश्वास त्यागेर संसारकै चलनमा फर्कनेहरूका लागि म शोक गर्दछु । आफ्नो जीवन पीडा र सन्तापको माझमा हुँदा, त्यस्ता मानिसहरू, "निको भएपछि म केवल प्रभुको लागि मात्र जिउनेछु" भनी

आँसुका साथ प्रार्थना गर्दछन् । तर, जब तिनीहरूले आशिष् र चङ्गाइ प्राप्त गर्दछन्, तब आफ्नै फाइदाको खोजीमा तिनीहरूले अनुग्रहलाई लत्याउँदछन् र सत्यतादेखि टाढा जाँदछन् । तिनीहरूको शारीरिक समस्या समाधान भएतापनि, त्यो व्यर्थ हुन्छ, किनभने तिनीहरूका आत्माहरू मुक्तिको बाटोबाट टाढिएका हुन्छन् र तिनीहरू नरकतिर गइरहेका हुन्छन् ।

ती जन्मैदेखिको अन्धो मानिसमा अनुग्रहलाई नलत्याउने असल हृदय थियो । त्यसैले गर्दा तिनले येशूलाई भेट्दा, केवल आफ्नो अन्धोपनबाट मात्रै चङ्गाइ पाएनन् तर तिनले मुक्तिको निश्चयता पनि प्राप्त गरे । जब येशूले तिनलाई, "के तिमी मानिसको पुत्रमाथि विश्वास गर्दछौ ?" भनी सोध्नुभयो, तब तिनले यसरी जवाफ दिए, "प्रभु उहाँ को हुनुहुन्छ ? म उहाँमाथि विश्वास गर्नेछु ?" (पद ३५-३६) । येशूले तिनलाई, "तिमीले उसलाई देखेका छौ, अनि तिमीसँग बोल्ने उही नै हो," भनी भन्नुहुँदा, तिनले भने, "प्रभु, म विश्वास गर्दछु" (पद ३७-३८) । ती मानिसले केवल "विश्वास" मात्र गरेनन्, तर तिनले येशूलाई ख्रीष्टको रूपमा पनि ग्रहण गरे । तिनको त्यो दृढ स्वीकारोक्तिमा केवल प्रभुलाई मात्र पछ्याउने र प्रभुको लागि मात्र जिउने संकल्प थियो ।

हामी सबै जना यस प्रकारको हृदय लिएर परमेश्वरको सामु आएको उहाँ चाहनुहुन्छ । उहाँले हाम्रा रोगहरू निको पार्नुहुने र हामीलाई आशिष् दिनुहुने कारणले मात्र हामीले उहाँको खोजी गरेको परमेश्वर चाहनुहुन्न । आफ्नो एकमात्र पुत्रलाई पनि बाँकी नराखी हाम्रो लागि दिनुहुने उहाँको साँचो प्रेमलाई हामीले बुझेको र येशूलाई हाम्रो मुक्तिदाताको रूपमा ग्रहण गरेको उहाँ चाहनुहुन्छ । यसबाहेक, हामीले केवल हाम्रा ओठहरूद्वारा मात्र होइन, तर परमेश्वरको वचनलाई कार्यमा उतारेर उहाँलाई प्रेम गर्नु पर्दछ । १ यूहन्ना ५:३ मा उहाँले हामीलाई भन्नुभएको छ, "परमेश्वरको प्रेम

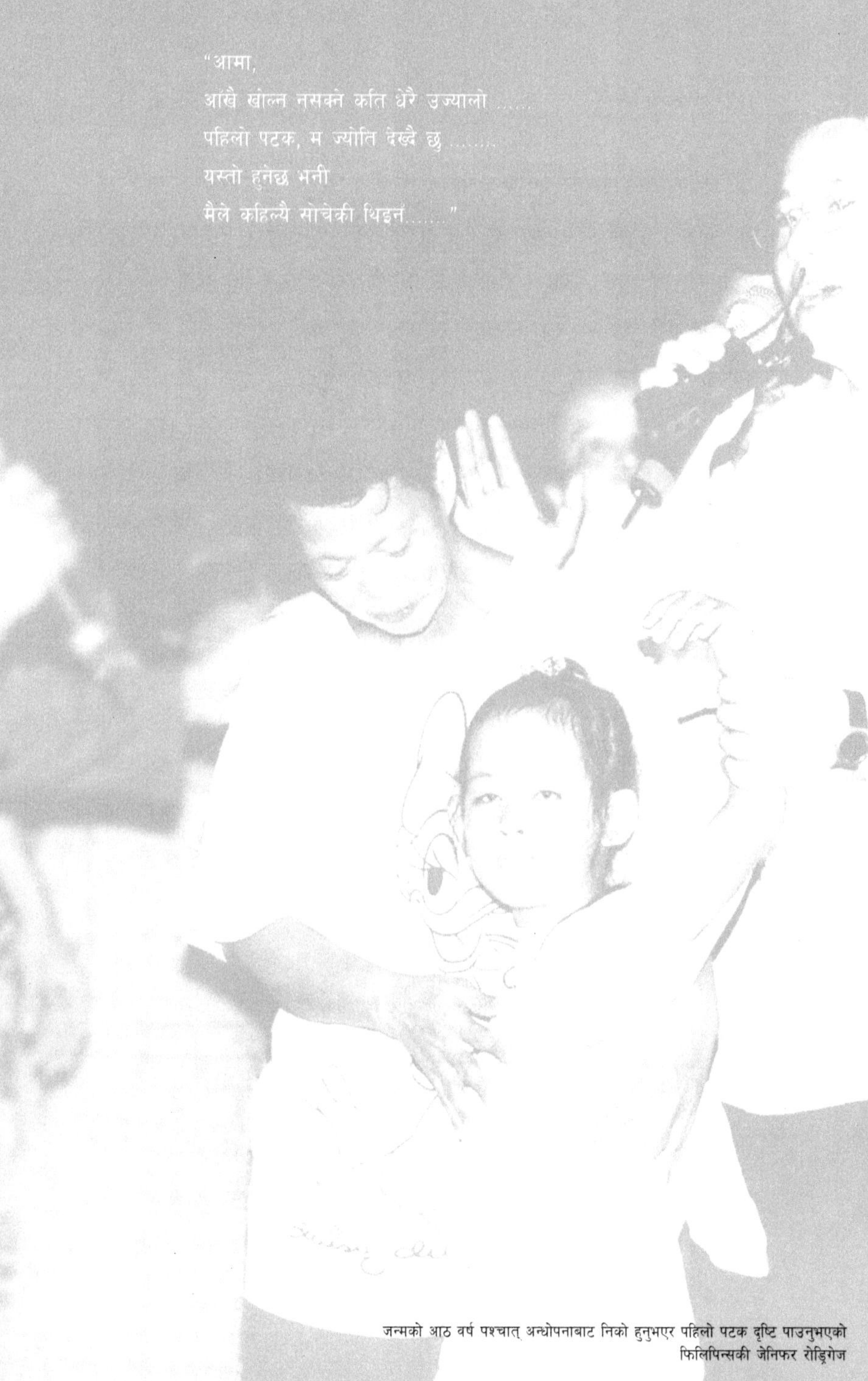

जन्मको आठ वर्ष पश्चात् अन्धोपनाबाट निको हुनुभएर पहिलो पटक दृष्टि पाउनुभएको
फिलिपिन्सकी जेनिफर रोड्रिगेज

यही हो कि हामी उहाँका आज्ञाहरू पालन गर्दछौं र उहाँका आज्ञाहरू भारपूर्ण छैनन् ।" यदि हामी साँच्चै परमेश्वरलाई प्रेम गर्दछौं भने, हामीले आफूभित्र भएका सबै दुष्टताहरूलाई त्याग्नु पर्दछ र प्रतिदिन हामी ज्योतिमा हिँड्डुल गर्नु पर्दछ ।

जब हामी यस प्रकारको विश्वास र प्रेमका साथ परमेश्वरसित कुनै कुरा माग्दछौं तब उहाँले कसरी हामीलाई उत्तर नदिई रहनसक्नु हुन्छ र ? मत्ती ७:११ मा येशूले, "यसकारण तिमीहरू दुष्ट भएर आफ्ना छोराछोरीहरूलाई असल चीज दिन जान्दछौ भने, स्वर्गमा हुनुहुने तिमीहरूका पिताले उहाँसित माग्नेहरूलाई कति बढी गरेर असल चीज दिनुहुनेछ" भनी प्रतिज्ञा गर्नुभएझैं, हाम्रा पिता परमेश्वरले उहाँका छोराछोर ीहरूका प्रार्थनाका उत्तरहरू दिनुहुनेछ भनी हामीले विश्वास गर्नु पर्दछ ।

त्यसकारण, तपाईंमा जे जस्ता रोगहरू वा समस्याहरू भएतापनि परमेश्वरको सामु आउनु होस् । "प्रभु म विश्वास गर्दछु !" भनी आफ्नो हृदयको केन्द्रदेखि प्रादुर्भाव भएको स्वीकारोक्तिका साथ, जब तपाईं आफ्नो विश्वासका कार्यहरू प्रकट गर्नुहुन्छ, तब जन्मैदेखिको अन्धो मानिसलाई निको पार्नुहुने प्रभुले कुनै पनि प्रकारका रो गहरूलाई निको पार्नु हुनेछ, असम्भव कार्यहरूलाई सम्भव तुल्याउनु हुनेछ र तपाईंको जीवनका सबै समस्याहरू समाधान गरिदिनु हुनेछ ।

मानमिन केन्द्रीय चर्चमा
अन्धाका आँखाहरू खोलिएका कार्यहरू

सन् १९८२ मा स्थापना भएदेखि यता, अनगिन्ती अन्धा मानिसहरूका आँखा खो ल्ने कार्यद्वारा मानमिनले महान् तवरले परमेश्वरलाई महिमा दिएको छ । जन्मैदेखि अन्धा भएका धेरै मानिसहरूले प्रार्थना ग्रहण गर्नुभएपछि दृष्टि प्राप्त गर्नुभएको छ ।

"मेरो हृदयले मलाई त्यस ठाउँमा डोऱ्यायो ....
म केवल अनुग्रहको खोजीमा थिएँ ....
परमेश्वरले मलाई ठूलो उपहार दिनुभयो ।
देख्न पाउनुभन्दा पनि
जीवित परमेश्वरलाई भेटेकोमा
म आनन्दित छु !"

२ वर्षको उमेरमा
दाहिने आँखाको दृष्टि गुमाउनु भएको होन्डुरसकी मारिया
जसले डा. जेरक लीको प्रार्थना ग्रहण गरे पश्चात् देख्न सक्नुभयो ।

आँखाको दृष्टि कमजोर भएका र चश्मा वा लेन्समा निर्भर रहनुभएका धेरै मानिसहरूको दृष्टिमा सुधार आएको छ । थुप्रै आश्चर्यजनक गवाहीहरूमध्ये, केही गवाहीहरू उदाहरणको रूपमा यहाँ उल्लेख गरिएका छन् ।

सन् २००२ को जुलाई महिनामा मैले होण्डुरसमा एउटा बृहत संयुक्त क्रूसेड सञ्चालन गर्दा, त्यहाँ मारिया नाम भएको एक १२ वर्षिया बालिका हुनुहुन्थ्यो, जसले दुइ वर्षको उमेरमा नै गम्भीर ज्वरोको कारण आफ्नो दाहिने आँखाको दृष्टि गुमाउनु भएको थियो । उहाँका आमाबाबुले उहाँको दृष्टि फर्काउनका लागि धेरै प्रयास गर्नु भएको थियो । चक्षुपटल (कोर्निया) प्रत्यारोपणपछि पनि मारियामा कुनै सुधार आएन । प्रत्यारोपणको असफल प्रयासपछिको एक दशकसम्म, मारियाले आफ्नो दाहिने आँखाद्वारा ज्योति समेत देख्न सक्नु भएन ।

त्यसपछि सन् २००२ मा, परमेश्वरको अनुग्रह पाउने हार्दिक चाहनाका साथ मारियाले त्यो क्रूसेडमा भाग लिनुभयो र मेरो प्रार्थना ग्रहण गर्नु भयो, त्यसपछि उहाँले ज्योति देख्न थाल्नुभयो र चाँडै उहाँले दृष्टि प्राप्त गर्नुभयो । पूर्ण रूपमा काम गर्न छोडेर मृत भएका उहाँको दाहिने आँखाका नशाहरू परमेश्वरको शक्तिद्वारा पुनःसृष्टि भए । यो कति आश्चर्यजनक कुरा हो ? “परमेश्वर साँच्चै जीवित हुनुहुन्छ र आज पनि काम गरिरहनु भएको छ !” भनी होण्डुरसमा असंख्य मानिसहरू रमाउँदै उल्लसित हुनुभयो ।

पास्टर रिकार्डो मोरेल्ज लगभग दृष्टिविहिन भइसक्नु भएको थियो, तर मुआन मीठो पानीद्वारा उहाँ पूर्णतया निको हुनुभयो । होण्डुरस क्रूसेड हुनुभन्दा सात वर्ष पहिले पास्टर रिकार्डो ट्राफिक दुर्घटनामा पर्नुभएको थियो, जसमा उहाँको रेटिना गम्भीर रूपमा क्षतिग्रस्त भयो र अत्याधिक रक्तस्राव भएको थियो । उहाँले बिस्तारै आफ्नो दृष्टि गुमाउनु हुनेछ र अन्ततः दृष्टिविहिन बन्नु हुनेछ भनी डाक्टरले पास्टर रि

"म चाँडै दृष्टिविहिन हुनेछु भनी
चिकित्सकहरूले मलाई भन्नुभएको थियो ......
सबै कुरा धमिलो देखिन थालेका थिए ....

धन्यवाद, प्रभु,
मलाई ज्योति दिनुभएको लागि ....

म तपाईंलाई पर्खिरहेको छु ...."

होन्डुरसका रेभ. रिकार्डो मोरेल्ज,
जो दुर्घटनामा पर्नुभएर लगभग अन्धो हुन लाग्नुभएको थियो
तर अहिले देख्न सक्ने हुनुभएको छ

कार्डोलाई भन्नुभएको थियो । यद्यपि, सन् २००२ मा होण्डुरसमा आयोजित चर्चका अगुवाहरूको सम्मेलनको पहिलो दिनमा उहाँले चङ्गाइ पाउनु भयो । परमेश्वरको वचन सुन्नु भएपछि विश्वासका साथ पास्टर रिकार्डोले आफ्नो आँखामा मुआन मीठो पानी हाल्नुभयो र केही समयमै उहाँले स्पष्टसित देख्न थाल्नुभयो । शुरुमा, उहाँले यस्तो कुराको आशा नगर्नुभएकोले पास्टर रिकार्डोले पूर्ण रूपमा विश्वास गर्न सक्नुभएन । त्यस साँझ, पास्टर रिकार्डो चश्मा लगाउनु भएर सम्मेलनको पहिलो सेसनमा सहभागी हुनु भयो । त्यसपछि, अचानक उहाँको चश्माका शिशाहरू निस्किए र उहाँले पवित्र आत्माको यस्तो आवाज सुन्नुभयो : “यदि तिमीले अहिले नै आफ्नो चश्मा फुकालेनौं भने तिमी अन्धो हुनेछौ ।” त्यसपछि, पास्टर रिकार्डोले आफ्नो चश्मा फुकाल्नुभयो र आफूले सबै थोक स्पष्टसित देख्न थालेको कुरा महसुस गर्नुभयो । उहाँले आफ्नो दृष्टि शक्ति पुनःप्राप्त गर्नु भयो र पास्टर रिकार्डोले परमेश्वरलाई ठूलो महिमा दिनुभयो ।

केन्यामा भएको नाइरोबी मानमिन चर्चमा, कोम्बो नाउँ गरेको एक जना जवान व्यक्ति चर्चदेखि करिब ४०० किलोमिटर (लगभग २५० माइल) टाढा रहेको आफ्नो गृह नगरमा जानुभएको थियो । भ्रमणको समयमा, त्यहाँ उहाँले आफ्नो परिवारलाई सुसमाचार सुनाउनु भयो र सियोलमा रहेको मानमिन केन्द्रीय चर्चमा भइरहेका परमेश्वरको शक्तिका आश्चर्यजनक कार्यहरूका बारेमा बताउनुभयो । मैले प्रार्थना गरेको रूमालद्वारा उहाँले आफ्नो परिवारको निम्ति प्रार्थना गरिदिनुभयो । कोम्बोले चर्चले छापेको क्यालेन्डर पनि आफ्नो परिवारलाई उपहारस्वरूप दिनुभयो ।

आफ्नो नातिद्वारा प्रचार गरिएको सुसमाचार सुनेपछि, कोम्बोको दृष्टिविहिन हजुरआमाले यस्तो सोच्दै हार्दिक इच्छाका साथ त्यो क्यालेन्डरलाई आफ्ना दुइ हातमा लिनुभयो, “म पनि डा. जेरक ली को तस्वीर हेर्न चाहन्छु ।” त्यसपछि, त्यहाँ साँच्चै आश्चर्यजनक घटना भयो । कोम्बोको हजुरआमाले क्यालेन्डर खोल्ने बित्तिकै उहाँका

आँखाहरू पनि खोलिए र उहाँले त्यो तस्वीर हेर्न सक्नुभयो । हल्लेलूयाह ! कोम्बोको परिवारका सदस्यहरूले प्रत्यक्ष रूपमै अन्धाका आँखाहरू खोलिने शक्तिको कार्य अनुभव गर्नुभयो र उहाँहरूले जीवित परमेश्वरमा विश्वास गर्न सक्नुभयो । थपअझ, यस घटनाको खबर गाउँमा फैलिएपछि, मानिसहरूले आफ्नो गाउँमा पनि एउटा शाखा चर्च स्थापना होस् भनी माग राख्नुभयो ।

विश्वव्यापी रूपमा भएका शक्तिको असंख्य कामहरूद्वारा, आज संसारभरि हजारौंको संख्यामा मानमिनका शाखा चर्चहरू स्थापना भएका छन् र पवित्रताको सुसमाचार पृथ्वीको पल्लो छेउसम्म पनि प्रचार भइरहेको छ । जब तपाईं परमेश्वरको शक्तिको कार्यलाई स्वीकार गर्नुहुन्छ र विश्वास गर्नुहुन्छ, तब तपाईं पनि उहाँका आशिषहरूको उत्तराधिकारी बन्न सक्नुहुन्छ ।

येशूको समयमा जस्तै, आज पनि थुप्रै मानिसहरू सँगसँगै आनन्दित भएर परमेश्वरलाई महिमा दिनुको साटो दोष लगाउने, न्याय गर्ने र पवित्र आत्माको कार्यको विरुद्धमा बोल्ने गर्दछन् । यो डरलाग्दो पाप हो भनी हामीले बुझ्नु पर्दछ, किनकि येशूले हामीलाई स्पष्टसित मत्ती १२:३१-३२ मा यसरी भन्नुभएको छ, "त्यसैकारण म तिमीहरूलाई भन्दछु, मानिसहरूले गरेको हरेक पाप र ईश्वर-निन्दा क्षमा हुनेछ, तर पवित्र आत्माको विरुद्धमा गरिएको निन्दा क्षमा हुनेछैन । कसैले मानिसको पुत्रको विरुद्धमा केही भन्यो भने त्यसलाई क्षमा हुनेछ, तर कसैले पवित्र आत्माको विरुद्धमा बोल्यो भने त्यसलाई यस युगमा र आउने युगमा पनि क्षमा हुनेछैन ।"

पवित्र आत्माको कार्यलाई विरोध नगरी परमेश्वरको शक्तिका उदेकपूर्ण कार्यहरू अनुभव गर्नका लागि, यूहन्ना ९ अध्यायमा ती अन्धो मानिसले गरेझैं हामीले पनि उहाँका कार्यहरूलाई मान्यता दिनु पर्दछ र ती कार्यहरूका लागि हार्दिक चाहना गर्नुपर्दछ । विश्वासद्वारा आषिश्हरू प्राप्त गर्नका लागि मानिसहरूले कति मात्रामा

आफ्नो भाँडोलाई तयार पार्नु भएको छ, त्यही आधारमा केही मानिसहरूले परमेश्वरको शक्तिको कार्य अनुभव गर्नु हुनेछ भने कतिपयलेचाहिँ ती कार्यहरू अनुभव गर्न सक्नु हुनेछैन ।

भजनसंग्रह १८:२५-२६ ले, "वफादारप्रति तपाईं वफादार हुनुहुन्छ, निर्दोषसँग तपाईं आफूलाई निर्दोष प्रकट गर्नुहुन्छ । शुद्धसँग तपाईं आफै शुद्ध देखा पर्नुहुन्छ, तर बाङ्गोसँग तपाईं आफूलाई चतुर प्रकट गर्नुहुन्छ" भनी हामीलाई भनेझैं, हाम्रा काम अनुसारको इनाम हामीलाई दिनु हुने परमेश्वरमा तपाईहरू हरेकले विश्वास गर्नुभएर आफ्नो विश्वासका कार्यहरू प्रकट गरी तपाईंहरू उहाँको आशिषहरूका उत्तराधिकारीहरू बन्नुभएको होस् भनी म हाम्रो प्रभु येशू ख्रीष्टको नाउँमा प्रार्थना गर्दछु !

अध्याय ७

मानिसहरू उठ्नेछन्, उफ्रनेछन् र हिँड्नेछन्

अनि चार जनाले बोकेको एक जना पक्षाघातीलाई लिएर मानिसहरू उहाँकहाँ आए।
भीडको कारणले येशूको नजीक त्यस मानिसलाई पुऱ्याउन नसक्दा तिनीहरूले उहाँ
हुनुभएको ठाउँको माथिको छाना खोले, र उघारिएको ठाउँबाट
पक्षाघातीलाई त्यो सुतेको खाटसमेत तल ओह्रालिदिए।
येशूले तिनीहरूको विश्वास देखेर, त्यस पक्षाघातीलाई भन्नुभयो, "ए छोरा, तिम्रा
पापहरू क्षमा भए।"
तर त्यहाँ केही शास्त्रीहरू बसिरहेका थिए, र आफ्ना मनमा
यसो भनेर विचार गरिरेहका थिए,
"यस मानिसले किन यसरी बोल्दछ ? यो त ईश्वर-निन्दा हो।
केवल एक, अर्थात् परमेश्वरले बाहेक अरू कसले पाप क्षमा गर्न सक्छ ?"
अनि तिनीहरू आपसमा यसरी विचार गर्दैछन् भन्ने येशूले तुरुन्तै आफ्नो आत्मामा
थाहा पाएर तिनीहरूलाई भन्नुभयो, "किन तिमीहरू आफ्ना मनमा यस्तो विचार गर्दछौ
? पक्षाघातीलाई 'तिम्रा पापहरू क्षमा भए' भन्नु, कि 'उठ, तिम्रो खाट उठाएर हिँड्'
भन्नु, कुनचाहिँ सजिलो छ ? तर मानिसको पुत्रलाई पृथ्वीमा
पाप क्षमा गर्ने अधिकार छ भनी तिमीहरूले जान।"
तब उहाँले त्यस पक्षाघातीलाई भन्नुभयो, "म तिमीलाई
भन्दछु, उठ, तिम्रो खाट उठाऊ, र घर जाऊ।"
त्यो उठ्यो, र तुरुन्तै खाट उठाएर सबैका सामुन्नेबाट गइहाल्यो।
यहाँसम्म कि, सबै जना आश्चर्य-चकित भए, र
"हामीले यस्तो त कहिल्यै देखेका छैनौं" भन्दै
तिनीहरूले परमेश्वरको महिमा गरे

(मर्कूस २:३-१२)।

येशूको समयमा, धेरै पक्षाघाती र लङ्गडाहरूले पूर्ण चङ्गाइ पाएर परमेश्वरलाई ठूलो महिमा दिएका थिए भनी बाइबलले हामीलाई बताउँदछ । परमेश्वरले यशैया ३५:६ मा, "तब लङ्गडाहरू मृगझैं उफ्रनेछन्, र गूँगाहरूको जिब्रोले स्तुति गर्नेछ । उजाड-स्थानमा पानी फुटेर निस्कनेछ र मरुभूमिमा खोलाहरू बग्नेछन्," र यशैया ४९:८ मा, "निगाहको समयमा म तँलाई जवाफ दिनेछु, र उद्धारको दिनमा तँलाई म सहायता दिनेछु । देश पुनर्स्थापित गर्न र त्यसको नष्ट भएका जायजातहरू फेरि अधिकारको निम्ति दिन म तँलाई जोगाइराख्छु र मानिसहरूका निम्ति तँलाई करार बनाउँछु," भनी हामीसित प्रतिज्ञा गर्नु भएझैं, परमेश्वरले हामीलाई केवल उत्तर मात्र दिनुहुन्न तर मुक्तिको मार्गमा पनि डोऱ्याउनु हुन्छ ।

मानमिन केन्द्रीय चर्चमा यो कुरा आज पनि प्रमाणित भइरहेको छ, जहाँ परमेश्वरको आश्चर्यजनक शक्तिद्वारा असंख्य बिरामीहरू आफ्ना व्हीलचेयरहरूबाट उठेर र आफ्ना बैसाखीहरू फालेर हिँड्न थाल्नु भएको छ ।

मर्कूस २ अध्यायमा उल्लेखित पक्षाघातीले कस्तो विश्वासका साथ येशूको सामु आएर मुक्ति अनि उत्तरहरू प्राप्त गर्ने आशिष् पाए त ? यदि तपाईंहरू मध्ये कोही कुनै रोगको कारण हिँड्न सकिरहनु भएको छैन भने, तपाईंहरू उठेर हिँड्न र दौडन सक्नु भएको होस् भनी म प्रार्थना गर्दछु ।

ती पक्षाघातीले येशूको बारेमा सुने

मर्कूस २ अध्यायमा, एक पक्षाघातीको बारेमा विस्तृत रूपमा उल्लेख गरिएको छ, जसले येशू कफर्नहुममा जानुहुँदा उहाँद्वारा चङ्गाइ प्राप्त गरेका थिए । त्यस शहरमा एक अत्यन्तै गरीब पक्षाघाती बस्ने गर्दथे जो अरूको सहयोग विना आफै उठेर बस्न पनि सक्दैनथे र तिनी मृत्युलाई पर्खेर बाँचिरहेका थिए । अनि, तिनले अन्धाका आँखाहरू खोलिदिनुहुने, लङ्गडोलाई हिँड्न सक्ने तुल्याउनु हुने, दुष्टात्माहरूलाई धपाउन सक्नु हुने, र विभिन्न प्रकारका रोगबिमारहरू निको पार्नु हुने येशूको बारेमा खबर सुने । ती मानिसमा असल हृदय भएकोले, येशूको बारेमा खबर सुनेपछि, तिनले ती कुरहरूलाई आफ्नो मनमा राखे र हार्दिकतापूर्वक येशूलाई भेट्ने इच्छा गरे ।

एक दिन, ती पक्षाघातीले येशू कफर्नहुममा आउनु भएको छ भनी सुने । येशूलाई भेट्ने आशामा तिनी कति उत्साहित र आनन्दित भए होलान् ? तथापि, तिनी आफै हिँड्डुल गर्न असमर्थ भएकाले, येशूको सामु जान तिनले आफ्ना मित्रहरूको सहयोग खोजे । सौभाग्यवश, तिनका मित्रहरूलाई पनि येशूको बारेमा राम्ररी थाहा भएकोले गर्दा, तिनीहरू आफ्नो मित्रलाई मद्दत गर्न राजी भए ।

ती पक्षाघाती र तिनका मित्रहरू येशूको सामुन्ने आए

ती पक्षाघाती र तिनका मित्रहरू येशूले प्रचार गरिरहनुभएको घरमा आइपुगे, तर त्यहाँ ठूलो भीड जम्मा भएको कारणले गर्दा तिनीहरूले भित्र प्रवेश गर्नु त परै जाओस् ढोकाको छेउमा पनि बस्ने ठाउँ पाउन सकेनन् । ती पक्षाघाती र तिनका मित्रहरू येशूको सामु जाने परिस्थिति त्यहाँ थिएन । तिनीहरूले “कृपया अलिकति ठाउँ दिनुहोस् !

हामीसित एक जना सिकिस्त बिरामी छ !" भनी भीडसित अनुरोध पनि गरे होलान् । तैपनि, त्यो घर र त्यहाँ वरिपरिको ठाउँ मानिसहरूले खचाखच भरिएको थियो । यदि ती पक्षाघाती र तिनका मित्रहरूमा विश्वासको कमी भएको भए, तिनीहरू येशूलाई नभेटीकनै घर फर्कने थिए ।

तथापि, तिनीहरूले हरेस खाएनन् तर यसको साटो आफ्नो विश्वास देखाए । येशूलाई कसरी भेट्ने भनी गहिरिएर सोचेपछि, अन्तिम सहाराको रूपमा ती पक्षाघातीका मित्रहरूले येशू हुनु भएको ठाउँमाथि छतमा एउटा प्वाल बनाउन थाले । त्यो घरमा क्षति पुऱ्याएकोमा, घरको मालिकसँग पछि माफी मागेर क्षतिपूर्ति तिर्नु परे तापनि तिनीहरूले त्यही गर्न रोजे, किनभने ती पक्षाघाती र तिनका मित्रहरूमा येशूलाई भेट्ने र उहाँबाट चङ्गाइ पाउने हार्दिक चाहना थियो ।

विश्वास कामद्वारा प्रमाणित हुन्छ, र तपाईंले नम्र हृदयका साथ आफूलाई होच्याउनु हुँदा मात्र विश्वासका कार्यहरू प्रकट हुन्छन् । के तपाईंले, "म चर्च जान त चाहन्छु तर मेरो शारीरिक अवस्थाको कारण जान सकिरहेको छैन," भनी कहिल्यै सोच्नु वा भन्नुभएको छ ? ती पक्षाघातीले, "प्रभु, म पक्षाघातले थलिएको हुनाले म तपाईंलाई भेट्न आउन सकिनँ भन्ने कुरा तपाईं जान्नुहुन्छ भनी म विश्वास गर्दछु । म यहाँ आफ्नो आछ्यानमा भएतापनि तपाईंले मलाई निको पार्न सक्नुहुन्छ", भनेर सयौं पटक भनेतापनि तिनले आफ्नो विश्वासलाई कार्यमा प्रकट गरेको ठहरिँदैनथ्यो ।

जस्तो सुकै मूल्य चुकाउनु परेतापनि, ती पक्षाघाती चङ्गाइ प्राप्त गर्नका लागि येशूको सामु गए । येशूलाई भेटेपछि निको हुनेछु भनी तिनले निश्चयतापूर्वक विश्वास गरेका थिए, त्यसैले तिनले आफ्ना मित्रहरूलाई येशूको सामु आफूलाई लगिदिन आग्रह गरे । थपअझ, तिनका मित्रहरूमा पनि विश्वास भएकोले गर्दा, तिनीहरूले एक अपरिचित व्यक्तिको छत खोलेर भएपनि आफ्नो पक्षाघाती मित्रलाई सेवा पुऱ्याए ।

यदि तपाईं परमेश्वर सामु आउँदा निको हुनेछु भनी साँच्चै विश्वास गर्नुहुन्छ भने, उहाँको सामु आएर देखाउनु तपाईंको विश्वासको प्रमाण हो । त्यसैले गर्दा तिनीहरूले छत खोलेपछि, आफ्नो पक्षाघाती मित्रलाई तिनी सुतेको खाटसमेत तल ओराली येशूको सामु पुऱ्याइदिए । त्यस समयमा, इस्राएलमा समतल छतहरू राख्ने चलन थियो र प्रत्येक घरमा सँगै जोडिएका सीढीहरू हुने गर्दथे, जसले गर्दा मानिसहरू सजिलैसित छतमा जान सक्थे । यसबाहेक, छतका टाइलहरूलाई पनि सजिलैसित हटाउन सकिन्थ्यो । यी कारणहरूले गर्दा, ती पक्षाघाती येशूको सबैभन्दा नजीक पुग्न सके ।

हामीले पापको समस्या समाधान गरेपछि उत्तरहरू प्राप्त गर्न सक्छौं

मर्कूस २:५ मा, येशू ती पक्षाघातीको विश्वासका कार्यहरू देखेर प्रसन्न हुनुभएको हामी पाउँदछौं । तिनलाई निको पार्नु अघि, किन येशूले तिनलाई, "ए छोरा, तिम्रा पापहरू क्षमा भए" भनी भन्नुभयो त ? उहाँले यस्तो भन्नुभयो किनभने चङ्गाइ प्राप्त गर्नुभन्दा अघि पाप क्षमा हुनु आवश्यक छ ।

प्रस्थान १५:२६, मा परमेश्वरले हामीलाई यसरी भन्नुभएको छ, "तिमीहरूले परमप्रभु आफ्ना परमेश्वरका कुरा ध्यानसित सुन्यौ, उहाँको दृष्टिमा जे ठीक छ सो गऱ्यौ, र उहाँका आज्ञाहरूमा ध्यान लगायौ, र उहाँका सबै विधिहरू मान्यौ भने जुन रोगहरू मैले मिश्रीहरूमाथि ल्याएको थिएँ, ती मध्ये एउटै पनि तिमीहरूमाथि ल्याउनेछैनँ, किनकि तिमीहरूलाई निको पार्ने म परमप्रभु हुँ ।" यहाँ, "जुन रोगहरू मैले मिश्रीहरूमाथि ल्याएको थिएँ," भन्ने खण्डले, मानिसहरूले थाहा पाएका सबै प्रकारका

रोगहरूलाई जनाउँदछ । तसर्थ, जब हामी उहाँका आज्ञाहरू पालना गर्दछौं र उहाँको वचन अनुसार जीवन जिउँदछौं, तब परमेश्वरले हाम्रो रक्षा गर्नुहुनेछ र हामीलाई कुनै रोगले कहिल्यै पनि छुनेछैन । यसबाहेक, हामीले आज्ञा पालन गरेर उहाँको वचन अनुसार जिउँदा, हामीलाई कुनै पनि रोग लाग्नेछैन भनी परमेश्वरले हामीलाई व्यवस्था २८ अध्यायमा प्रतिज्ञा गर्नुभएको छ । यूहन्ना ५ अध्यायमा, अठ्तीस वर्षदेखि बिरामी भएको एक मानिसलाई निको पार्नु भएपछि, येशूले तिनलाई, “फेरि पाप नगर, र तिमीमाथि अझ बढी खराबी आई नपरोस्” (पद १४) भनी भन्नुभयो ।

सबै रोगहरू पापकै कारणले गर्दा आइपर्ने भएकोले, ती पक्षाघातीलाई निको पार्नुअघि येशूले तिनका पापहरू क्षमा गरिदिनुभयो । तथापि, येशूको सामु जाँदैमा सधैं स्वतः पाप क्षमा हुन्छ भन्ने हुँदैन । चङ्गाइ प्राप्त गर्नका लागि, हामीले पहिला हाम्रा पापहरूका लागि पश्चात्ताप गर्नुपर्छ र पापको मार्गबाट फर्कनु पर्दछ । यदि तपाईं पापी हुनुहुन्थ्यो भने, अब तपाईं पाप नगर्ने व्यक्ति बन्नुपर्दछ ; यदि तपाईं झूट बोल्ने गर्नुहुन्थ्यो भने, अब तपाईं झूट नबोल्ने मानिस बन्नुपर्दछ ; यदि तपाईं अरूलाई घृणा गर्नुहुन्थ्यो भने अब तपाईंले घृणा गर्नुहुँदैन । वचन पालना गर्नेहरूलाई मात्र परमेश्वर ले क्षमा दिनुहुन्छ । थपअझ, “म विश्वास गर्छु” भनी स्वीकारोक्ति दिँदैमा तपाईंलाई क्षमा हुँदैन ; जब हामी ज्योतिमा आउँदछौं, तब हाम्रा प्रभुको रगतले स्वाभाविक रूपमा नै हामीलाई हाम्रा सबै पापहरूबाट शुद्ध पार्नेछ (१ यूहन्ना १:७) ।

ती पक्षाघाती परमेश्वरको शक्तिद्वारा हिंड्न सके

मर्कूस २ अध्यायमा, पाप क्षमा पाएपछि, ती पक्षाघाती उठेर आफ्नो ओछ्यान बो

की सबै मानिसहरूका सामु हिँडेर गएको हामी पाउँदछौं । येशूकहाँ आउँदा ती मानिस आफ्नो ओछ्यानमा पल्टिरहेको अवस्थामा आएका थिए । तरैपनि, येशूले तिनलाई, "ए छोरा, तिम्रा पापहरू क्षमा भए" (पद ५) भनी भन्नुभएको क्षणमा नै तिनी निको भए । यद्यपि, चङ्गाइको कार्यमा आनन्दित हुनुको साटो व्यवस्थाका पण्डितहरू गनगन गरिरहेका थिए । येशूले ती मानिसलाई, "ए छोरा, तिम्रा पापहरू क्षमा भए," भनी भन्नुहुँदा, तिनीहरूले आफ्नो मनमा यसरी विचार गरिरहेका थिए, "यस मानिसले किन यसरी बोल्दछ ? यो त ईश्वर-निन्दा हो । केवल एक, अर्थात् परमेश्वरले बाहेक अरू कसले पाप क्षमा गर्न सक्छ ?" (पद ७)

तब, येशूले तिनीहरूलाई भन्नुभयो, "किन तिमीहरू आफ्ना मनमा यस्तो विचार गर्दछौ ? पक्षाघातीलाई 'तिम्रा पापहरू क्षमा भए' भन्नु, कि 'उठ, तिम्रो खाट उठाएर हिँड्' भन्नु, कुनचाहिँ सजिलो छ ? तर मानिसको पुत्रलाई पृथ्वीमा पाप क्षमा गर्ने अधिकार छ भनी तिमीहरूले जान" (पद ८-१०) । तिनीहरूलाई परमेश्वरको प्रबन्ध बारे प्रकाश पारिदिनुभएपछि, जब येशूले त्यस पक्षाघातीलाई "म तिमीलाई भन्दछु, उठ, तिम्रो खाट उठाऊ, र घर जाऊ," (पद ११) भनी भन्नुभयो, तब तिनी तुरुन्तै उठे र हिँडेर गए । अर्को शब्दमा भन्नुपर्दा, पक्षाघात भएको ती मानिसले चङ्गाइ प्राप्त गर्नुले, तिनले पाप क्षमा पाएको र येशूले बोल्नुभएको हरेक वचनलाई परमेश्वरले प्रमाणित गर्नुभएको कुरालाई जनाउँदछ । योचाहिँ, सर्वशक्तिमान् परमेश्वरले येशूलाई मानवजातिको मुक्तिदाताको रूपमा स्थापित गर्नुभएको छ भन्ने कुराको प्रमाण पनि हो ।

उठेर, उफ्रेका र हिँडेका उदाहरणहरू

यूहन्ना १४:११, मा येशूले हामीलाई भन्नुभएको छ, “मलाई विश्वास गर, कि म पितामा छु, र पिता म मा हुनुहुन्छ । नत्र भने यी कामहरूकै खातिर विश्वास गर ।” तसर्थ, विश्वासको साथ येशूको सामु आएका पक्षाघातीले क्षमा पाएर येशूको आज्ञाद्वार ा उठेर उफ्रेको र हिँडेको देखेर नै हामीले पिता परमेश्वर र येशू एक समान हुनुहुन्छ भनी विश्वास गर्नुपर्दछ ।

यसको लगत्तै, यूहन्ना १४:१२ मा, “साँच्चै म तिमीहरूलाई भन्दछु, जसले मलाई विश्वास गर्दछ, त्यसले मैले गरेका काम पनि गर्नेछ, र तीभन्दा ठूला काम गर्नेछ, किनभने म पिताकहाँ गइरहेछु,” भनी येशूले हामीलाई भन्नुभएको छ । मैले परमेश्वर को वचनमा शतप्रतिशत विश्वास गरेको कारणले गर्दा, परमेश्वरको सेवकको रूपमा बोलावट पाएपछि, मैले परमेश्वरको शक्ति प्राप्त गर्नका लागि धेरै दिनसम्म उपवास बसे र धेरै प्रार्थना गरें । फलस्वरूप, आधुनिक चिकित्सा विज्ञानले समेत निको पार्न नसक्ने रोगहरूबाट चङ्गाइ पाएका गवाहीहरू मानमिनको स्थापनाकालदेखि नै हामीले प्रचुर मात्रामा देख्दै आइरहेका छौं ।

प्रत्येक चोटी पूरै चर्चले आशिष्का परीक्षाहरू पार गर्दा, विरामीहरूले चङ्गाइ प्राप्त गर्ने गतिमा तीव्रता आएको छ र अत्यन्तै गम्भीर रोगहरू पनि निको भएका छन् । सन् १९९३ देखि २००४ सम्म सम्पन्न गरिएको वार्षिक दुइ हप्ते विशेष जागृति सभा र विश्वव्यापी बृहत संयुक्त क्रूसेडहरूद्वारा, संसारभरि असंख्य मानिसहरूले परमेश्वरको उदेकलाग्दो शक्ति अनुभव गर्नुभएको छ ।

मानिसहरू उठेर, उफ्रनुभएका र हिँड्नुभएका अनगिन्ती उदाहरणहरूमध्ये, यहाँ केही उदाहरणहरू छन् ।

नौ वर्षपछि ह्वीलचेयरबाट उभिएको

पहिलो गवाही डिकन योनसूप किमको छ । सन् १९९० सालको मे महिनामा दक्षिण कोरियाको टेइडोक साइन्स टाउनमा बिजुली सम्बन्धी काम गरिरहेको बेलामा, उहाँ पाँच तले भवनको उचाइबाट खस्नुभयो । यो घटना किमले परमेश्वरलाई विश्वास गर्नुभन्दा अघिको हो ।

उहाँ खस्नुभए लगत्तै, उहाँलाई चुङ्नाम प्रान्तको, योसूङ्मा रहेको सन अस्पतालमा लगियो, जहाँ उहाँ छ महिनासम्म बेहोसी अवस्थामा रहनुभयो । कोमाबाट होशमा आउनुभएपछि, उहाँले आफ्नो मेरुदण्डमा अत्याधिक पीडा महसुस गर्नुभयो (घाँटीदेखि पेटसम्मको भागमा रहेको मेरुदण्डको एघारौं र बाह्रौं स्थानको हड्डी दबिएर फुटेको कारण र कम्मरको हड्डीमा भएको हर्नियाको कारण असह्य पीडा भएको थियो) । अस्पतालका चिकित्सकहरूले किमलाई उहाँको अवस्था नाजुक छ भनी जानकारी गर ाउनुभयो । अन्य अस्पतालहरूमा पनि उहाँ धेरै चोटी भर्ना हुनुभयो । तर, उहाँको हालतमा कुनै परिवर्तन वा सुधार भएन र किम पहिलो डिग्रीको अशक्तता भएको व्यक्ति हुनुभयो । आफ्नो ढाडलाई सहारा दिनको लागि उहाँले सधैं आफ्नो कम्मरमा विशेष प्रकारको पेटी लगाउनु पर्नेभयो । यसबाहेक, उहाँ ढल्किन नमिल्ने भएकोले सधैं ठाडो बसेर नै निदाउनु पर्दथ्यो ।

यस्तो कठिन समयमा, किमले सुसमाचार सुन्नुभयो र मानमिन चर्चमा आउनुभयो, जहाँ उहाँले ख्रीष्टमा जीवन जिउन थाल्नुभयो । उहाँ सन् १९९८ सालको नोभेम्बर महिनामा आयोजित ईश्वरीय चङ्गाइको विशेष सभामा उपस्थित हुनुहुँदा,

किमले अकल्पनीय कुरा अनुभव गर्नुभयो । सभाभन्दा अघि, उहाँ ढल्किएर सुत्न वा आफै शौचालयमा जान सक्नुहुन्नथ्यो । मेरो प्रार्थना ग्रहण गर्नुभएपछि, उहाँ आफ्नो व्हीलचेयरबाट उठ्न सक्नुभयो र बैसाखीको भरमा हिँड्न सक्नुभयो ।

पूर्ण रूपमा चङ्गाइ प्राप्त गर्नका लागि डिकन किम विश्वासयोग्यतापूर्वक सबै आर ाधना सेवाहरू र सभाहरूमा सहभागी हुन थाल्नुभयो र कहिल्यै पनि प्रार्थना गर्न छोड्नु भएन । साथै, सन् १९९९ सालको मे महिनामा आयोजित सातौं दुइ हप्ते विशे ष जागृति सभाको तयारीको लागि हार्दिक इच्छाका साथ उहाँले एक्काइस दिनको उपवास बस्नुभयो । मैले सभाको पहिलो सेसनमा वेदीबाट बिरामीहरूका लागि प्रार्थना गर्दा, डिकन किमले आफूमा एउटा तेज ज्योति चम्केको महसुस गर्नुभयो र आफू दौ डिरहेको एउटा दर्शन देख्नुभयो । सभाको दोस्रो हप्तामा, मैले मेरो हात उहाँमाथि र ाखेर प्रार्थना गरिदिए पछि, उहाँले आफ्नो शरीर हलुको भएको महसुस गर्नुभयो । पवित्र आत्माको आगोले उहाँको खुट्टालाई छोएपछि, उहाँले सामर्थ्य प्राप्त गर्नुभयो । आफ्नो ढाडलाई सहारा दिनको लागि लगाउनुभएको विशेष पेटी र बैसाखीहरू उहाँले फाल्न सक्नु भयो र कुनै कठिनाई बिना हिँड्न र खुला रूपमा आफ्नो कम्मर हल्लाउन सक्नुभयो ।

परमेश्वरको शक्तिद्वारा, डिकन किम एक सामान्य व्यक्ति सरह हिँड्डुल गर्न सक्ने हुनुभएको छ । अहिले उहाँ आफै साइकल चलाउनुहुन्छ र परिश्रमपूर्वक चर्चमा सेवा पुऱ्याउनुहुन्छ । यसबाहेक, डिकन किम केही समयअघि वैवाहिक जीवनमा बाँधिनु भएर अहिले उहाँ साँच्चै आनन्दित जीवन जिइरहनु भएको छ ।

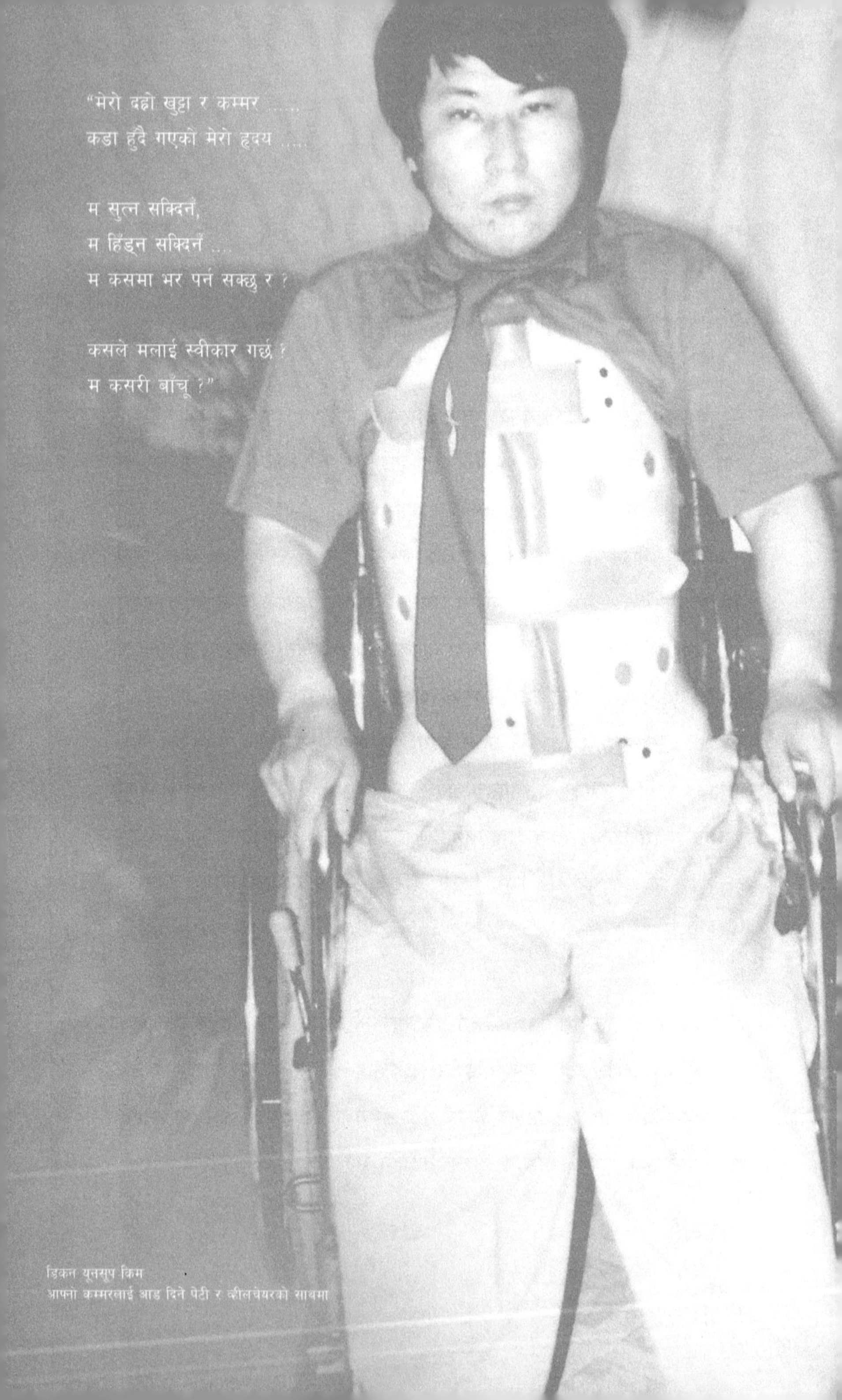

"मेरो दह्रो खुट्टा र कम्मर ......
कडा हुँदै गएको मेरो हृदय .....

म सुत्न सक्दिनँ,
म हिँड्न सक्दिनँ ....
म कसमा भर पर्न सक्छु र ?

कसले मलाई स्वीकार गर्छ ?
म कसरी बाँचू ?"

डिकन यूनसुप किम
आफ्नो कम्मरलाई आड दिने पेटी र व्हीलचेयरको साथमा

"हल्लेलूयाह !
परमेश्वर जीवित हुनुहुन्छ !
के तपाईंहरू म हिँडिरहेको देख्न सक्नुहुन्छ ?"

डा. जेरक लीको प्रार्थनाद्वारा
चङ्गाइ प्राप्त गरिसकेपछि
डिकन किम मानमिनका सदस्यहरूसित
आनन्दित भइरहनु भएको छ

रूमालद्धारा प्रार्थना ग्रहण गरेपछि ह्वीलचेयरबाट उठेको

मानमिनमा, बाइबलमा उल्लेख गरिएका शानदार घटनाहरू र असाधारण आश्चर्यकर्महरू भएका छन् ; ती कार्यहरू मार्फत् परमेश्वर अझ बढी महिमित हुनुभएको छ । यी घटनाहरू र आश्चर्यकर्महरूमध्ये रूमालहरूद्वारा प्रकट भएको परमेश्वरको शक्ति पनि सम्मिलित छ ।

प्रेरित १९:११-१२ मा हामी यस्तो लेखिएको पाउँदछौं, "परमेश्वरले पावलको हातबाट असाधारण आश्चर्य कामहरू गर्नुभयो, यहाँ सम्म कि रूमाल अथवा पछ्यौरा तिनको शरीरमा छुवाएर बिरामीहरूकहाँ लगिन्थे, र तिनीहरूका शरीरबाट रोग जान्थे र दुष्टात्मा पनि निस्कन्थे ।" त्यसैगरी, मानिसहरूले मैले प्रार्थना गरिदिएको रूमाल वा मेरो शरीरमा छुवाएर कुनै वस्तु बिरामीहरू कहाँ लग्दा, त्यहाँ चङ्गाइका आश्चर्यजनक कार्यहरू प्रकट भएका छन् । फलस्वरूप, धेरै राष्ट्रहरू र विश्वभरका मानिसहरूले उहाँहरूको क्षेत्रमा रूमालको क्रूसेड सञ्चालन गर्न हामीलाई आग्रह गरिरहनु भएको छ । यसबाहेक, अफ्रिका, पाकिस्तान, इन्डोनेसिया, फिलिपिन्स, होण्डुरस, जापान, चीन, रूस र अरू थुप्रै देशहरूका अनगिन्ती मानिसहरूले पनि "असाधारण आश्चर्यकर्महरू" अनुभव गरिरहनु भएको छ ।

सन् २००१ सालको अप्रिल महिनामा, मानमिनको एक जना पास्टरले इन्डोनेसियामा रूमालको क्रूसेड सञ्चालन गर्नुभयो, जसमा असंख्य मानिसहरूले चङ्गाइ प्राप्त गर्नु भएर जीवित परमेश्वरलाई महिमा दिन सक्नुभयो । उहाँहरूमध्ये एक जना व्हीलचेयरको भरमा हिँड्डुल गर्नुहुने भूतपूर्व राज्य शासक हुनुहुन्थ्यो । उहाँ रूमालको प्रार्थनाद्वारा निको हुनुभएपछि यो खबर चारैतिर फैलियो ।

सन् २००३ सालको मे महिनामा, मानमिनको अर्को पास्टरले चीनमा रूमालको क्रूसेड सञ्चालन गर्नुभयो, जसमा चङ्गाइका धेरै उदाहरणहरूमध्ये, चौंतीस वर्षसम्म बैसाखीको भरमा पर्नुभएको एक जना मानिस आफै हिँड्न सक्नु भयो ।

सन् २००२ मा भारतमा सम्पन्न भएको आश्चर्यजनक चङ्गाइ प्रार्थना महोत्सवमा गणेशले आफ्ना बैसाखीहरू फाल्न सक्नुभयो

सन् २००२ मा हिन्दुहरूको बाहुल्यता रहेको भारतको चेन्नाइको मरिना समुद्री तटमा सम्पन्न भएको आश्चर्यजनक चङ्गाइ प्रार्थना महोत्सवमा सहभागी तीस लाखभन्दा बढी मानिसहरूले परमेश्वरको शक्तिका उदेकपूर्ण कार्यहरू अनुभव गर्नुभयो र उहाँहरूमध्ये धेरैले ख्रीष्टलाई ग्रहण गर्नुभयो । यस क्रूसेडभन्दा अघि दह्रो हड्डीहरू खुकुलो हुने र मृत स्नायुहरू पुनर्जीवित हुने गति विस्तारै अघि बढी रहेको थियो । भार त क्रूसेडको बेलादेखि, चङ्गाइको कार्यले मानव शरीरको अनुक्रमलाई माथ गर्न थालेको छ ।

चङ्गाइ प्राप्त गर्नुहुनेहरूमध्ये एक गणेश नाम गरेको सोह्र वर्षीया युवा हुनुहुन्थ्यो । उहाँ साइकलबाट लड्नु भएर उहाँको दाहिने नितम्बको हाडमा चोट पुगेको थियो । घरको नाजुक आर्थिक अवस्थाको कारणले गर्दा उहाँले उचित उपचार प्राप्त गर्न सक्नुभएको थिएन । एक वर्ष बितेपछि उहाँको हड्डीमा ट्यूमर बढ्न थाल्यो र बाध्यतावश उहाँको दाहिने नितम्बको हाड हटाउनु पर्ने भयो । चिकित्सकले उहाँको तीघ्राको हड्डी र नितम्बका बाँकी हाडहरूमा धातुको एउटा पातलो पाता राखिदिनुभएर र त्यो पातालाई नौवटा किलाले कसिदिनुभयो । त्यसरी कस्सिएको किलाको कारण हुने

कष्टदायी पीडाले गर्दा उहाँ बैसाखी विना सीढीमा तल माथि हिंड्न वा हिँड्डुल गर्न सक्नुहुन्न थियो ।

क्रूसेडको बारेमा सुनेपछि, गणेश यसमा सहभागी हुनुभयो र उहाँले पवित्र आत्माको ज्वालामय कार्य अनुभव गर्नुभयो । चार दिने क्रूसेडको दोस्रो दिनमा, जब उहाँले "बिरामीको लागि गरिएको प्रार्थना" ग्रहण गर्नुभयो, तब उहाँले उम्लिरहेको तातो पानीको भाँडामा बसेकोझैं ताप आफ्नो शरीरमा महसुस गर्नुभयो, त्यसपछि उहाँको शरीरमा पीडा अनुभव हुन छोड्यो । उहाँ तुरुन्तै मञ्चमा आउनुभयो र आफ्नो चङ्गाइको गवाही दिनुभयो । त्यसबेलादेखि, उहाँले आफ्नो शरीरको कुनै पनि भागमा पीडा महसुस गर्नुभएको छैन, उहाँले बैसाखीको प्रयोग गर्नु परेको छैन र अहिले उहाँ सामान्य रूपमा हिँड्न र दौडन सक्नुहुन्छ ।

दुबईमा एक जना महिला आफ्नो व्हीलचेयरबाट उठ्नुभयो

सन् २००३ सालको अप्रिल महिनामा म दुबई, संयुक्त अरब इमिरेट्समा छँदा, मेरो प्रार्थना ग्रहण गरेपछि, एक भारतीय महिला आफ्नो व्हीलचेयरबाट खडा हुनुभयो । उहाँ संयुक्त राज्य अमेरिकामा गएर अध्ययन गर्नुभएको एक बुद्धिमानी महिला हुनुहुन्थ्यो । ट्राफिक दुर्घटनाका प्रतिअसरहरू र तिनले निम्त्याएका जटिलताहरूका साथै व्यक्तिगत समस्याहरूको कारणले गर्दा, उहाँ मानसिक आघातबाट पीडित हुनुहुन्थ्यो ।

मैले पहिलो पटक उहाँलाई देख्दा, उहाँ हिँड्न सक्नु हुन्नथ्यो, उहाँमा बोल्ने सामर्थ्यको कमी थियो र आफ्नो खसेको चश्मा पनि उहाँ टिप्न सक्नु हुन्नथ्यो । यसका साथै, लेख्न वा एक गिलास पानी उठाउन समेत नसक्ने गरी आफू कमजोर भएको कुरा उहाँले बताउनुभयो । अरूले उहाँलाई छुँदा मात्र पनि, उहाँले अत्याधिक पीडा

"मेरो शरीर र हाडहरूलाई छेडिरहेका
ती नौ वटा किलाहरूको पीडा
अब म महसुस गर्दिनँ !

पीडाको कारण
पहिले म खडा पनि हुन सक्दिनथेँ,
तर अब म हिँड्न सक्छु !"

डा. जेरक लीको प्रार्थना ग्रहण गरे पछि,
गणेश आफ्नो वैसाखीको सहायता विना
हिंड्न सक्ने हुनु भएको छ।

महसुस गर्नुहुन्थ्यो । तथापि, प्रार्थना पछि, ती महिला तुरुन्तै आफ्नो व्हीलचेयरबाट उठ्नुभयो । केही मिनेट अघि सम्म पनि, बोल्नलाई समेत पर्याप्त सामर्थ्य नभएको व्यक्ति आफ्ना सरसामानहरू उठाउन सक्ने र हिँडेर कोठा बाहिर जान सक्ने हुनुभएको देखेर म पनि छक्क परें ।

यर्मिया २९:११ ले हामीलाई भन्दछ "'किनभने जुन योजनाहरू मैले तिमीहरूका निम्ति बनाएको छु, ती म जान्दछु' परमप्रभु भन्नुहुन्छ । 'ती तिमीहरूका उन्नतिको निम्ति हुन्, नोक्सानीको निम्ति होइनन्, तिमीहरूलाई आशा र भविष्य दिनलाई ।'" हाम्रा पिता परमेश्वरले हामीलाई यति धेरै प्रेम गर्नुभएको छ कि, उहाँले आफ्नो एक मात्र पुत्र पनि बाँकी नराखी हामीलाई दिनुभएको छ ।

त्यसैले, यदि तपाईं शारीरिक अशक्तताको कारणले गर्दा एक दयनीय जीवन जिइर हनुभएको छ भने, पिता परमेश्वरमा विश्वास गरेर तपाईंले एक खुशी र स्वस्थ जीवन जिउन सक्नुहुन्छ । उहाँ आफ्ना कोही पनि छोराछोरीहरू परीक्षा र दुःखमा परेको हेर्न चाहनुहुन्न । यसबाहेक, उहाँ विश्वभरि रहेका सबैलाई शान्ति, आनन्द, खुशी र संवृद्धि दिन चाहनु हुन्छ ।

मर्कूस २ अध्यायमा उल्लेख गरिएका ती पक्षाघातीको कथाद्वारा, तपाईलें आफ्नो हृदयका इच्छाहरूको उत्तर प्राप्त गर्न सक्ने मार्ग र तरिकाहरूका बारेमा थाहा पाउनु भएको छ । तपाईंहरू हरेकले आफ्नो विश्वासको भाँडो तयार गर्नु भएको होस् र आफूले मागेका सबै कुराहरू प्राप्त गर्नु भएको होस् भनी, म हाम्रा प्रभु येशू ख्रीष्टको नाउँमा प्रार्थना गर्दछु ।

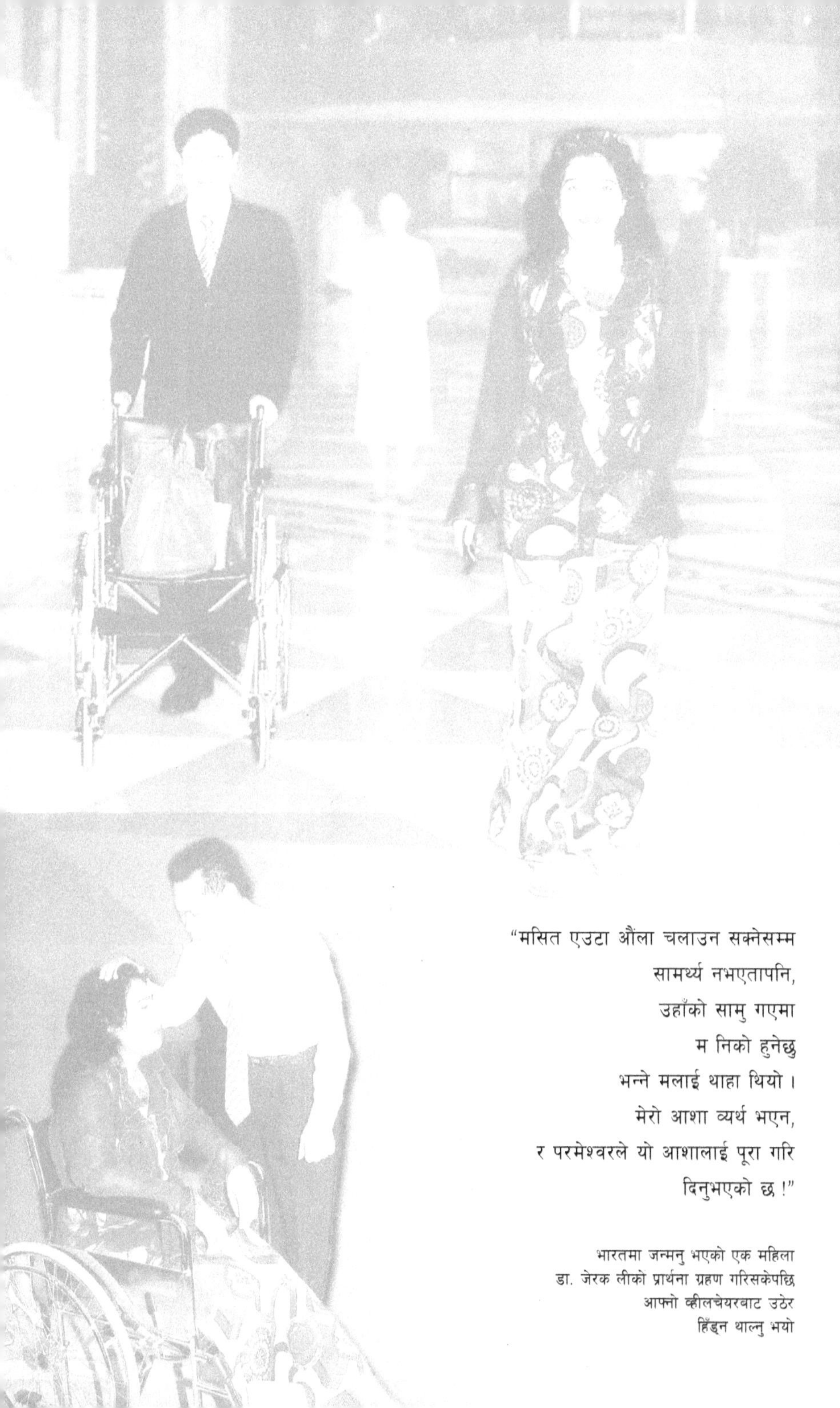

"मसित एउटा औंला चलाउन सक्नेसम्म
सामर्थ्य नभएतापनि,
उहाँको सामु गएमा
म निको हुनेछु
भन्ने मलाई थाहा थियो ।
मेरो आशा व्यर्थ भएन,
र परमेश्वरले यो आशालाई पूरा गरि
दिनुभएको छ !"

भारतमा जन्मनु भएको एक महिला
डा. जेरक लीको प्रार्थना ग्रहण गरिसकेपछि
आफ्नो व्हीलचेयरबाट उठेर
हिँड्न थाल्नु भयो

अध्याय ८

मानिसहरू आनन्दित हुनेछन्, नाच्नेछन् र गाउनेछन

टुरोसको इलाकाबाट निस्केर उहाँ सीदोन भएर डेकापोलिसका सिमानाका बीचबाट हुँदै गालील-समुद्रमा जानुभयो । त्यहाँ मानिसहरूले एउटा बहिरो र गूँगो मानिसलाई उहाँकहाँ ल्याए, र त्यसमाथि हात राखिदिनोस् भनी उहाँलाई बिन्ती गरे । त्यसलाई भीडबाट अलग्गै एकान्तमा लगेर येशूले आफ्ना औंला त्यसका कानमा लगाउनुभयो । त्यसपछि थुकेर त्यसको जिब्रो छुनुभयो । अनि स्वर्गतिर हेरेर लामो सास लिई त्यसलाई भन्नुभयो, "इफ्फाता," अर्थात् "खोलिजा ।" त्यति नै बेला त्यसका कान खोलिए, र त्यसको जिब्रोको बन्धन फुक्यो र त्यो स्पष्ट बोल्न लाग्यो । यो कसैलाई नभन्नू, भनी उहाँले तिनीहरूलाई आज्ञा दिनुभयो । तर जति-जति उहाँले मानिसहरूलाई आज्ञा दिनुहुन्थ्यो, झन् बढी उत्साहसाथ तिनीहरूले यसको घोषणा गर्दथे । मानिसहरू आश्चर्यले अत्यन्तै चकित भए, र भन्न लागे, उहाँले सबै कुरा असल गर्नुभएको छ । उहाँले बहिरालाई सुन्ने र गूँगालाई बोल्नेसम्म पनि तुल्याउनुहुन्छ ।

(मर्कूस ७:३१-३७)

हामी मत्ती ४:२३-२४ मा यसो भनी उल्लेख गरिएको पाउँछौं :

अनि येशू तिनीहरूका सभाघरहरूमा सिकाउँदै, राज्यको सुसमाचार प्रचार गर्दै, र मानिसहरूमा भएका हरेक किसिमका रोग र शारीरिक दुर्बलता निको पार्दै सारा गालीलभरि घुम्नुभयो । उहाँको कीर्ति सिरियाभरि फिँजियो, र बिरामीहरू, अर्थात् विभिन्न प्रकारका रोग र पीडाले सताइएका, भूत लागेका, र छारेरोग लागेका, र पक्षाघात भएकाहरू सबैलाई मानिसहरूले उहाँकहाँ ल्याए । उहाँले तिनीहरूलाई निको पार्नुभयो ।

येशूले केवल परमेश्वरको वचन र राज्यको सुसमाचार मात्र प्रचार गर्नुभएन, तर विभिन्न प्रकारका रोगहरूबाट पीडित अनगिन्ती मानिसहरूलाई निको पनि पार्नुभयो । मानिसको शक्तिद्वारा निको पार्न असम्भव रोगहरू निको हुँदा, येशूले प्रचार गर्नुभएको वचन मानिसहरूको हृदयमा अंकित भयो, र उहाँले तिनीहरूलाई विश्वास गर्न दिनुभएर स्वर्गमा डोर्‍याउनुभयो ।

येशूले एक बहिरो र गूँगो मानिसलाई निको पार्नुभयो

मर्कूस ७ अध्यायमा एउटा घटना छ, जहाँ येशू टुरोसको इलाकाबाट निस्कनुभएर सीदोन हुँदै डेकापोलिसका सिमानामा बीचबाट भएर गालील-समुद्रमा जाँदै हुनुहुन्थ्यो । कसैले "मुश्किलले बोल्न सक्नु" भनेको त्यो व्यक्तिले अड्किँदै स्पष्टसित बोल्न नसक्नु हो । यस घटनामा उल्लेख भएको व्यक्तिले शायद आफ्नो बाल्यकालमा बोल्न सिकेका

थिए, तर पछि बहिरो भएका थिए, त्यसैले तिनी "मुश्किलले बोल्न सक्थे"।

वास्तवमा, "बहिरो र गूँगो" भन्नाले त्यस्तो व्यक्ति हो जसले बहिरोपनाको कारणले गर्दा भाषा सिकेको हुँदैन र बोल्न सक्दैन, अनि "ब्राड्याक्यूसिया" ले चाहिँ सुन्ने क्षमतामा आएको कठिनाइ/श्रवण शक्तिमा आएको ह्रासलाई जनाउँदछ। मानिस विभिन्न कारणहरूले गर्दा "बहिरो र गूँगो" हुन्छ। पहिलो कारणचाहिँ वंशानुगत रूपमा यस्तो समस्या सरेर आउनु हो। दोस्रो, गर्भवती अवस्थामा हुँदा आमालाई रुबेला रोग (जसलाई जर्मन मिजल्स पनि भनिन्छ) लागेमा वा तिनले गलत औषधि प्रयोग गरेमा बच्चा जन्मजात रूपमा नै "बहिरो र गूँगो" हुन्छ। तेस्रो, बच्चा तीन वा चार वर्षको हुँदा अर्थात् उसले बोल्न सिक्ने समयमा उसलाई मेनिन्जाइटिस रोग लागेको खण्डमा ऊ "बहिरो र गूँगो" हुँदछ। "ब्राड्याक्यूसिया" बाट पीडित हुँदा चाहिँ, यदि कानको जाली फुटेको छ भने, श्रवण यन्त्रले सुन्नमा मद्दत गर्न सक्छ। तर, यदि श्रवण स्नायुमा नै समस्या छ भने, कुनै पनि श्रवण यन्त्रले सुन्नमा मद्दत गर्न सक्दैन। त्यस्तै, अत्याधिक हो-हल्ला हुने ठाउँमा काम गरेकोले श्रवण शक्तिमा ह्रास आउँदा वा वृद्धावस्थाको कारणले गर्दा सुन्ने क्षमतामा कठिनाइ आउँदा, यस्तो समस्याको पूर्ण रूपमा उपचार हुन सक्दैन।

यसका अलावा, मानिसलाई भूतात्मा लाग्दा पनि ऊ बहिरो वा गूँगो हुन सक्छ। यस्तो अवस्थामा, आत्मिक अख्तियार भएको कुनै व्यक्तिले भूतात्मा धपाइदिएमा, त्यो व्यक्तिले तत्कालै सुन्न र बोल्न सक्नेछ। मर्कूस ९:२५-२७ मा, येशूले एक जना गूँगो ठिटोभित्र भएको भूतात्मालाई, "ए गूँगो र बहिरो आत्मा, म तँलाई हुकुम गर्दछु, त्यसबाट निस्केर आइज, र फेरि कहिल्यै त्यसभित्र नपस्" (पद २५) भनी हप्काउनु हुँदा, त्यो भूतात्मा तिनीबाट निस्केर गयो र तिनी निको भए।

परमेश्वरले काम गर्नुहुँदा, कुनै पनि रोग र दुर्बलताले तपाईंलाई समस्या वा जो

खिममा पार्नेछैन भनी विश्वास गर्नुहोस् । त्यसैकारण यर्मिया ३२:२७ मा हामी यसो लेखिएको पाउँछौं, "सबै मानव-जातिका परमेश्वर म हुँ । के कुनै कुरो मेरो निम्ति कठिन छ र ?" भजनसंग्रह १००:३ ले हामीलाई यसो भनी आग्रह गर्दछ,, "परमप्रभु नै परमेश्वर हुनुहुन्छ भनी जान । उहाँले नै हामीलाई बनाउनुभयो, र हामी उहाँकै हौं, हामी उहाँका प्रजा र उहाँको खर्कका भेडाहरू हौं ।" त्यस्तै भजनसंग्रह ९४:९ ले हामीलाई यसरी स्मरण गराउँदछ, "जसले कान दिनुभयो, के उहाँ सुन्नुहुन्न र ? जसले आँखा सृजनुभयो, उहाँले देख्नुहुन्न र ?" जब हामी हाम्रा कान र आँखा बनाउनुहुने सर्वशक्तिमान् पिता परमेश्वरमा हाम्रो हृदयको गहिराइदेखि नै विश्वास गर्दछौं, तब सबै कुरा सम्भव हुन्छ । त्यसैकारण, देहधारी भएर यस पृथ्वीमा आउनुभएको येशूका लागि सबै कुरा सम्भव थिए । मर्कूस ७ अध्यायमा हामी पाउँदछौं, येशूले ती बहिरा र गूँगा मानिसलाई निको पार्नुभयो, तिनका कानहरू खोलिए र तिनले स्पष्टसित बोल्न सके ।

हामीले येशू ख्रीष्टमा विश्वास गर्नुका साथै, परिपक्व विश्वासका साथ परमेश्वरको शक्ति पनि माग्यौं भने, बाइबलमा उल्लेखित कार्यहरू वर्तमान समयमा पनि हुनेछन् । यसबारे, हिब्रू १३:८ ले हामीलाई भन्दछ, "येशू ख्रीष्ट हिजो, आज र सदासर्वदा एकसमान हुनुहुन्छ," त्यस्तै एफिसी ४:१३ ले हामीलाई यसो भनी स्मरण गराउँदछ, "जबसम्म हामी सबैले विश्वासको र परमेश्वरको पुत्रको ज्ञानको एकता प्राप्त गर्दैनौं, र परिपक्व मानिस बनी ख्रीष्टका पूर्णताको नापसम्म पुग्दैनौं ।"

तर शरीरका अङ्गहरूमा क्षति पुगेको अवस्था वा नसाका कोशिकाहरू नष्ट भएको कारणले गर्दा हुने बहिरोपना वा गूँगोपना चङ्गाइको वरदानद्वारा निको हुन सक्दैन । केवल येशू ख्रीष्टको पूर्णताको नापसम्म पुग्नुभएको व्यक्तिले परमेश्वरबाट शक्ति र

अख्तियार प्राप्त गर्नुभएर परमेश्वरको इच्छाअनुसार प्रार्थना गर्नुहुँदा मात्र चङ्गाइ हुनेछ ।

मानमिनमा परमेश्वरले बहिरोपना निको पार्नुभएका उदाहरणहरू

ब्राड्याक्यूसिया निको भएका र जन्मजात बहिरोपनाबाट निको भएर जीवनमा पहिलो पटक सुन्न सक्ने भएका अनगिन्ती मानिसहरूका धेरै उदाहरणहरू मैले देखेको छु । दुइ जना मानिसहरूले जीवनमा पहिलो पटक पच्पन्न र सन्ताउन्न वर्षपछि सुन्न सक्नुभएको छ ।

सन् २००० साल सेप्टेम्बर महिनामा, मैले जापानको नागोयामा आश्चर्यजनक चङ्गाइ महोत्सव आयोजना गर्दा, श्रवण शक्तिमा क्षीणता भएका तेह्र जना मानिसहरूले मेरो प्रार्थना ग्रहण गर्नासाथ चङ्गाइ प्राप्त गर्नुभयो । यो खबर श्रवण शक्तिमा क्षीणता भएका धेरै कोरियालीहरूमाझ पनि फैलियो र उहाँहरूमध्ये धेरैजसो सन् २००१ साल मे महिनामा आयोजित नवौं दुइ-हप्ते विशेष जागृति सभामा उपस्थित हुनुभयो र उहाँहरूले चङ्गाइ प्राप्त गर्नुभएर परमेश्वरलाई ठूलो महिमा दिनुभयो ।

उहाँहरूमध्ये एक तेत्तीस वर्षीया महिला हुनुहुन्थ्यो, जो आठ वर्षको हुँदा एउटा दुर्घटनामा पर्नुभएर त्यो बेलादेखि बहिरो र गूँगो हुनुभएको थियो । सन् २००१ सालको त्यो सभा शुरु हुनुभन्दा केही समय अगाडि उहाँ हाम्रो चर्चमा डोऱ्याइनुभयो र उत्तर प्राप्त गर्नका लागि उहाँले आफूलाई तयार पार्नुभयो ।

ती महिला दिनहुँ “दानिएल प्रार्थना सभा” मा उपस्थित हुन थाल्नुभयो र आफ्ना विगतका पापहरू सम्झँदै उहाँले हृदयदेखि नै पश्चात्ताप गर्नुभयो । हार्दिक इच्छाका साथ आफूलाई जागृति सभाको लागि तयार पारेपछि, उहाँ त्यस सभामा सहभागी हुनुभयो । सभाको अन्तिम सेसनमा, मैले बहिरोपना र गूँगोपना भएका व्यक्तिहरूका

आफ्नो बहिरोपनबाट निको हुनुभएका
मानिसहरूको
धन्यवादिताको गीत

"तपाईंले हामीलाई दिनुभएको
यो जीवनद्वारा,
हामी यस पृथ्वीमा
तपाईंको चाहना गर्दै हिँड

स्फटिकझैं सफा मेरो
तपाईंकहाँ आउँदछ ।"

५५ वर्षे लामो बहिरोपनबाट निको हुनुभएपछि
डिकनिस नाम्शिम पार्क परमेश्वरलाई महिमा दिँदै हुनुहुन्छ

लागि प्रार्थना गरिदिन उहाँहरूमाथि आफ्नो हात राख्दा, उहाँले तत्कालै कुनै परिवर्तन अनुभव गर्नुभएन । तरैपनि, उहाँ निराश हुनुभएन । त्यसको साटो, चङ्गाइ पाएका मानिसहरूका गवाहीहरू सुन्दा उहाँ हर्षित र धन्यवादी हुनुभयो, र आफू पनि निको हुनेछु भनी हार्दिकतापूर्वक विश्वास गर्नुभयो ।

परमेश्वरले ती महिलाको विश्वासलाई मान्यता दिनुभयो र त्यो सभा सिद्धिएको केही समयपश्चात् नै उहाँलाई निको पार्नुभयो । सभा सिद्धिएपछि पनि मैले परमेश्वरको शक्ति प्रकट भएको देखेको छु । थपअझ, श्रवण शक्ति परीक्षण गराउँदा उहाँका दुवै कानहरू पूर्ण रूपले निको भएका छन् भन्ने नतीजा आयो । हल्लेयूयाह !

जन्मजात बहिरोजना निको भयो

परमेश्वरको शक्ति प्रकट हुने परिमाण वर्षैपिच्छे वृद्धि भइरहेको छ । सन् २००२ सालको होण्डुरस आश्चर्यजनक चङ्गाइ महोत्सवमा, बहिरोपना र गूँगोपना भएका असंख्य मानिसहरूले सुन्न र बोल्न सक्नुभयो । क्रूसेडको सुरक्षा विभागको प्रमुखकी छोरी जन्मजात बहिरोपनाबाट निको हुनुभएपछि, उहाँ अत्यन्तै उत्साहित र आभारी हुनुभयो ।

आठ वर्षीया मेडलिन याइमिन बारट्रेसको एउटा कान राम्रोसित नबढेको कारणले गर्दा उहाँले बिस्तारै आफ्नो श्रवण शक्ति गुमाउनुभयो । क्रूसेडको बारेमा सुनेपछि, मेडलिनले आफ्नो बुवालाई आफूलाई त्यहाँ लानका लागि अनुरोध गर्नुभयो र स्तुतिप्रशंसाको समयमा उहाँले प्रशस्त अनुग्रह पाउनुभयो र मैले सबै बिरामीहरूका लागि गरिदिएको प्रार्थना ग्रहण गरेपछि, उहाँले स्पष्टसित सुन्न थाल्नुभयो । उहाँका

बुवाले त्यस क्रूसेडको लागि विश्वासयोग्यतापूर्वक काम गर्नुहुँदा, परमेश्वरले उहाँकी छोरीलाई यसरी आशिष् दिनुभयो ।

सन् २००२ भारत आश्चर्यजनक चङ्गाइ प्रार्थना महोत्सवमा जेनिफरले आफ्नो श्रवण यन्त्र हटाउनुभयो

भारत क्रूसेडको समय र त्यसपश्चात् पनि आएका सबै अनगिन्ती चङ्गाइका गवाहीहरूलाई हामीले दर्ता गर्न नभ्याएतापनि, विशेषगरी छानिएका केही गवाहीहरूका लागि हामी परमेश्वरलाई धन्यवाद र महिमा नदिईकन रहन सक्दैनौं । तीमध्ये जेनिफर नाम गरिएकी एक बालिकाको गवाही छ, जो जन्मदेखि नै बहिरो र गूँगो हुनुहुन्थ्यो । एक जना चिकित्सकले उहाँलाई श्रवण यन्त्र लगाउन सुझाव दिनुभएर यसो भन्नु भएको थियो कि, उहाँको श्रवण शक्तिमा केही सुधार त हुनेछ तर उहाँले पूर्ण रूपमा स्पष्टसित सुन्नचाहिँ सक्नु हुने छैन ।

जेनिफरकी आमाले आफ्नी छोरीको चङ्गाइको लागि दैनिक प्रार्थना गरिरहनु भएको बेला, उहाँहरू क्रूसेडमा सहभागी हुनुभयो । लाउड स्पिकरको आवाजले जेनिफरलाई कुनै समस्या नहुने भएकोले गर्दा, आमा छोरी एउटा ठूलो लाउडस्पिकरको नजिकै बस्नुभयो । यद्यपि क्रूसेडको अन्तिम दिनमा, विशाल जनसागरको उपस्थितिले गर्दा उहाँहरूले लाउड स्पिकर नजिकैको सिट पाउन सक्नुभएन । त्यसपछि जे भयो, त्यो साँच्चै नै अकल्पनीय थियो । मैले वेदीबाट बिरामीको लागि गरिदिएको प्रार्थना सकिने बित्तिकै, जेनिफरले त्यहाँको होहल्लाको आवाज अति चर्को भयो भनी आफ्नी आमालाई भन्नुभयो र श्रवण यन्त्र हटाइदिन आमालाई अनुरोध गर्नुभयो । हल्लेलूयाह !

चङ्गाइ प्राप्त गर्नुभन्दा अघिको मेडिकल रेकर्ड अनुसार, श्रवण यन्त्र विना जेनिफर ले अति नै चर्को ध्वनिसमेत सुन्न सक्नुहुन्नथ्यो । अर्को शब्दमा, जेनिफरले आफ्नो श्रवणशक्ति शतप्रतिशत नै गुमाउनु भएको थियो, तर प्रार्थना पछि उहाँको श्रवण शक्तिमा ३०ञ ५० प्रतिशत सुधार आयो । नाक, कान र घाँटी सम्बन्धी विज्ञ क्रिस्टिनाले जेनिफरको बारेमा गर्नु भएको मूल्याङ्कन यस प्रकार छ :

> जेनिफर ५ वर्षको हुँदा, मैले सी.एस्.आई. कल्याणी मल्टी स्पेसियाल्टी अस्पतालमा, उनको श्रवण शक्ति जाँच गरेको थिएँ । जेनिफरसँग बोलेपछि र उनको जाँच गरेपछि, म यो निष्कर्षमा पुगेको छु कि, प्रार्थनापछि उनको श्रवण शक्तिमा निश्चित रूपले उल्लेखनीय सुधार भएको छ । जेनिफरकी आमाको राय पनि प्रसङ्गानुकूल छ । मैले देखेको कुरा नै तिनले पनि अनुभव गरेकी छिन् : जेनिफरको श्रवण शक्तिमा निश्चित रूपले आमूल सुधार भएको छ । अहिले, जेनिफर श्रवण यन्त्र विना नै राम्ररी सुन्न सक्छिन् र मानिसहरूले उनको नाउँ बोलाउँदा प्रतिक्रिया जनाउन सक्छिन् । प्रार्थना अघि श्रवण यन्त्र विना यो सम्भव थिएन ।

विश्वासका साथ आफ्नो हृदय तयार गर्नेहरूमा, परमेश्वरको शक्ति निश्चित रूपले प्रकट हुन्छ । अवश्य पनि, ख्रीष्टमा विश्वासयोग्य जीवन जिउँदै जाने क्रममा बिरामीहरूको अवस्थामा दिन प्रतिदिन सुधार भएका धेरै उदाहरणहरू छन् ।

प्रायजसो, जन्मैदेखि बहिरा भएकाहरूलाई परमेश्वरले शुरुमै एकैचोटि चङ्गाइ दिनुहुन्न । यदि उहाँहरूले चङ्गाइ पाउनु भएको क्षण देखि नै पूर्ण रूपले सुन्न सक्नु भयो भने, उहाँहरूलाई सबै खालका चर्को ध्वनिको सामना गर्न गाह्रो हुनेछ । तर यदि कसैले ठूलो भएपछि श्रवण शक्ति गुमाउनुभएको छ भनेचाहिँ, उहाँहरूलाई आवाजसित

CHURCH OF SOUTH INDIA

MADRAS DIOCESE

C. S. I. KALYANI MULTI SPECIALITY HOSPITAL

15, Dr. Radhakrishnan Salai, Chennai-600 004. (South India)

Ref. No. Date 15/10/07

To whom it may concern

Miss Jennifer aged 5 yrs has been examined by me at CSI Kalyani hospital for her hearing. After interacting with the child and observing her and after examining the child, I have come to the conclusion that Jennifer has definitely good hearing improvement now than before she was prayed for. Her mother observation of her child is far more important and the mother has definitely noticed marked improvement in her child's hearing ability: Jennifer hears much better without the hearing aid. responding to her name being called when as previously she was not without the aid.

[illegible signature]

Medical Officer,
C. S. I. KALYANI GENERAL HOSPITAL
Mylapore, Chennai.

समञ्जन गर्न धेरै समय नलाग्ने भएकोले गर्दा परमेश्वरले उहाँहरूलाई पूर्ण रूपमा नै चङ्गाइ दिनुहुनेछ । यस्तो अवस्थामा, मानिसहरू पहिला अलमलमा पर्न सक्नुहुन्छ, तर एक वा दुई दिनपछि, उहाँहरू शान्त बन्नुहुनेछ र उहाँहरूलाई आवाज सुन्ने बानी पर्ने छ ।

सन् २००३ को अप्रिल महिनामा, संयुक्त अरब इमिरेट्सको दुबईमा मेरो यात्राको क्रममा, मैले बत्तीस वर्षीया एक महिलालाई भेटेँ, जो मस्तिष्कमा भएको मैनिंजाइटिसको कारण दुइ वर्षको हुनुहुँदा आफ्नो बोल्ने शक्ति गुमाउनु भएको थियो । मेरो प्रार्थना ग्रहण गर्नासाथ, उहाँले मलाई स्पष्टसित "धन्यवाद !" भनी भन्नुभयो । उहाँले जाहेर गर्नु भएको कृतज्ञतालाई मैले शुरुमा स्वभाविक रूपमा लिएँ, तर पछि उहाँका आमाबाबुले मलाई भन्नुभयो कि ३ दशकपछि पहिलो पटक उहाँहरूको छोरीको मुखबाट "धन्यवाद" भन्ने कुनै शब्द निस्केको थियो ।

गूँगोलाई बोल्न र बहिरोलाई सुन्न सक्ने तुल्याउने शक्ति अनुभव गर्नका लागि

मर्कूस ७:३३-३५ मा यसरी उल्लेख गरिएको छ :

त्यसलाई भीडबाट अलग्गै एकान्तमा लगेर येशूले आफ्ना औंला त्यसका कानमा लगाउनुभयो । त्यसपछि थुकेर त्यसको जिब्रो छुनुभयो । अनि स्वर्गतिर हेरेर लामो सास लिई त्यसलाई भन्नुभयो, "इफ्फाता," अर्थात् "खोलिजा ।" त्यति नै बेला त्यसका कान खोलिए, र त्यसको जिब्रोको बन्धन फुक्यो र त्यो

स्पष्ट बोल्न लाग्यो ।

यहाँ, "इफ्फाता" को अर्थ हिब्रू भाषामा "खोलिजा" हो । येशूले सृष्टिको मौलिक आवाजमा आज्ञा दिनुहुँदा, ती मानिसका कानहरू खोलिए र तिनको जिब्रोको बन्धन फुक्यो ।

त्यसो भए, "इफ्फाता" भनी आज्ञा दिनुभन्दा अघि येशूले किन ती मानिसका कानहरूमा उहाँका औंलाहरू लगाउनुभयो त ? रोमी १०:१७ ले हामीलाई भन्दछ, "जे सुनिएको छ, त्यसैबाट विश्वास आउँछ र जे सुनिन्छ त्यो ख्रीष्टको प्रचारबाट आउँछ ।" ती मानिसले सुन्न नसक्ने हुनाले, विश्वास गर्नु तिनको निम्ति सजिलो थिएन । यसका अलावा, ती मानिस चङ्गाइ पाउन आफैं येशू सामु आएका थिएनन् । केही मानिसहरूले तिनलाई येशूकहाँ ल्याएका थिए। तिनका कानहरूमा आफ्ना औंलाहरू लगाउनुभएर, येशूले उहाँका औंलाहरू अनुभव गर्न दिनुभई ती मानिसलाई विश्वास प्राप्त गर्न सहायता गर्नुभयो ।

येशूले परमेश्वरको शक्ति प्रकट गर्नुभएको दृश्यमा अन्तर्निहित आत्मिक अर्थलाई हामीले बुझेको खण्डमा मात्र, हामी उहाँको शक्तिलाई अनुभव गर्न सक्छौं । हामीले कस्ता प्रकारका कदमहरू चाल्नुपर्छ त ?

सर्वप्रथम हामीमा चङ्गाइ प्राप्त गर्ने विश्वास हुनुपर्दछ ।

चङ्गाइको आवश्यकता भएका मानिसहरूमा थोरै भए पनि विश्वास हुनु पर्दछ । तर, येशूको समयभन्दा फरक अहिलेको समयमा सभ्यताको विकासको कारणले गर्दा, सांकेतिक भाषा लगायत अन्य थुप्रै माध्यमहरू छन्, जसको कारणले गर्दा श्रवण शक्ति

क्षय भएका मानिसहरू पनि सुसमाचारको सम्पर्कमा आउन सक्छन् । केही वर्षहरूदेखि यता, मानमिनमा सबै प्रवचनहरू सँगसँगै सांकेतिक भाषामा अनुवाद हुँदै आएका छन् । विगत्का प्रवचनहरू पनि सांकेतिक भाषामा अनुवाद भएर वेबसाइटमा निरन्तर अपडेट भइरहेका छन् ।

यसका अलावा, तपाईंमा दृढनिश्चयता भएसम्म पुस्तकहरू, समाचार पत्रहरू, पत्रिकाहरू र भिडियो अनि अडियो क्यासेट टेपहरू लगायतका विभिन्न उपायहरूद्वारा तपाईं विश्वास प्राप्त गर्न सक्नुहुन्छ । एक पटक विश्वास प्राप्त गरेपछि, तपाईंले परमेश्वरको शक्ति अनुभव गर्न सक्नुहुन्छ । तपाईंले विश्वास प्राप्त गर्नुभएको होस् भन्ने हेतुले मैले थुप्रै साक्षीहरू उल्लेख गरेको छु ।

दोस्रो, हामीले क्षमा प्राप्त गर्नु पर्दछ ।

किन येशूले ती मानिसका कानहरूमा उहाँका औंलाहरू लगाउनुभएपछि थुकेर तिनको जिब्रोमा छुनुभयो त ? आत्मिक रूपमा यसले पानीको बप्तिस्मालाई संकेत गर्दछ र ती मानिसका पापहरूका क्षमाको लागि त्यो आवश्यक थियो । पानीको बप्तिस्माले यो जनाउँदछ कि सफा पानी जस्तो परमेश्वरको वचनद्वारा हामी आफ्ना सबै पापहरूबाट सफा हुनुपर्दछ । परमेश्वरको शक्ति अनुभव गर्नका लागि, हामीले पहिला पापको समस्यालाई समाधान गर्नुपर्दछ । ती मानिसको फोहरमैलालाई पानीले सफा गर्नुको साटो येशूले उहाँको थुक प्रयोग गर्नुभयो र ती मानिसले क्षमा पाए भन्ने कुराको जनाउ दिनुभयो । यशैया ५९:१-२ ले हामीलाई भन्दछ, "निश्चय नै परमप्रभुको हात बचाउन नसक्ने गरी छोटो भएको छैन, नता उहाँको कान सुन्न नसक्ने गरी बाक्लो भएको छ । तर तिमीहरूका अधर्मले तिमीहरूलाई आफ्ना परमेश्वरबाट अलग गरेका छन्, र तिमीहरूका पापले गर्दा उहाँको मुहार तिमीहरूबाट छेकिएको छ, र

उहाँले तिमीहरूको कुरा सुन्नुहुनेछैन ।"

२ इतिहास ७:१४ मा, "यदि मेरा आफ्नै नाउँ दिइएको मेरो प्रजाले आफैलाई नम्र पारेर प्रार्थना गर्छ, र मलाई खोजेर आफ्ना दुष्ट चालहरूबाट फर्कन्छ, तब म स्वर्गबाट तिनीहरूको प्रार्थना सुन्नेछु, र तिनीहरूका पाप क्षमा गर्नेछु, र तिनीहरूको देशलाई म स्वस्थ्य पार्नेछु," भनी परमेश्वरले हामीलाई प्रतिज्ञा गर्नुभएझैं, परमेश्वरको सामु उत्तर हरू प्राप्त गर्नका लागि, तपाईंहरूले सत्यतापूर्वक आफूलाई जाँचेर हेर्नु पर्दछ र आफ्नो हृदय चिरेर पश्चात्ताप गर्नुपर्दछ ।

हामीले परमेश्वर सामु के-के कुराहरूका लागि पश्चात्ताप गर्नु पर्दछ त ?

सर्वप्रथम, तपाईंले परमेश्वरमा विश्वास नगरेकोमा र येशू ख्रीष्टलाई ग्रहण नगरे कोमा पश्चात्ताप गर्नुपर्दछ । यूहन्ना १६:९ मा येशूले हामीलाई भन्नुभएको छ कि पवित्र आत्माले यस संसारलाई पापको विषयमा दोषी ठहराउनु हुनेछ, किनभने मानिसहरूले उहाँमाथि विश्वास गर्दैनन् । प्रभुलाई ग्रहण नगर्नु पाप हो भन्ने कुरा तपाईंले बुझ्नु पर्दछ, र प्रभु अनि परमेश्वरमा विश्वास गर्नुपर्दछ ।

दोस्रो, यदि तपाईंले आफ्ना दाजुभाइहरूलाई प्रेम गर्नुभएको छैन भने, तपाईंले पश्चात्ताप गर्नु पर्दछ । १ यूहन्ना ४:११ ले हामीलाई भन्दछ, "प्रिय हो, यदि परमेश्वरले हामीलाई यसरी प्रेम गर्नुभएको हो भने, हामीले एउटाले अर्कालाई प्रेम गर्नुपर्छ ।" यदि तपाईंको दाजु वा भाइले तपाईंलाई घृणा गर्नुहुन्छ भने, उहाँहरूलाई घृणा गर्नुको साटो, तपाईं सहनशील र क्षमाशील हुनुपर्दछ । तपाईंले आफ्नो शत्रुलाई प्रेम गर्नुपर्दछ, शत्रुकै फाइदा खोज्नु पर्दछ, र आफूलाई आफ्नो शत्रुको स्थानमा राखी सोच्नु र व्यवहार गर्नु पर्दछ । जब तपाईं सबै मानिसहरूलाई प्रेम गर्न थाल्नुहुन्छ, तब परमेश्वरले पनि

तपाईंमाथि करुणा, कृपा र चङ्गाइको कार्य प्रकट गर्नुहुनेछ ।

तेस्रो, यदि तपाईंले आफ्नो स्वार्थको निम्ति प्रार्थना गर्नुभएको छ भने, तपाईंले पश्चात्ताप गर्नुपर्दछ । स्वार्थी अभिप्रायका साथ प्रार्थना गर्नेहरूसित परमेश्वर खुशी हुनुहुन्न । उहाँले तपाईंलाई उत्तर दिनु हुनेछैन । अहिलेदेखि नै, तपाईंले परमेश्वको इच्छाअनुरूप प्रार्थना गर्नु पर्दछ ।

चौथो, यदि तपाईंले प्रार्थना गर्नुभएको छ तर शङ्का गर्नुहुन्छ भने, तपाईंले पश्चात्ताप गर्नु पर्दछ । याकूब १:६-७ ले भन्दछ, "तर त्यसले कत्तिपनि शङ्का नगरी विश्वाससाथ मागोस् । शङ्का गर्नेचाहिँ बतासले उचाल्दै पछार्दैगर्ने समुद्रका छालसमान हुनेछ । त्यस्तो मानिसले यो नसम्झोस्, कि उसले प्रभुबाट केही पाउनेछ ।" त्यहीअनुसार, हामीले प्रार्थना गर्दा, विश्वासका साथ प्रार्थना गर्नु पर्दछ र उहाँलाई खुशी तुल्याउनु पर्दछ । थपअझ, हिब्रू ११:६ ले हामीलाई, "विश्वासविना परमेश्वरलाई प्रसन्न पार्नु असम्भव छ" भनी स्मरण गराएझैं, आफ्ना शङ्काहरूलाई फालेर केवल विश्वासका साथ माग्नुहोस् ।

पाँचौं, यदि तपाईंले परमेश्वरका आज्ञाहरू पालन गर्नुभएको छैन भने, तपाईंले पश्चात्ताप गर्नु पर्दछ । यूहन्ना १४:२१ मा येशूले हामीलाई, "मलाई प्रेम गर्ने त्यही हो जससँग मेरा आज्ञा छन् र ती पालन गर्दछ । अनि मलाई प्रेम गर्नेलाई मेरा पिताले प्रेम गर्नुहुन्छ । म त्यसलाई प्रेम गर्नेछु, र म आफैलाई त्यसकहाँ प्रकट गर्नेछु" भनी भन्नुभएझैं, जब तपाईंले परमेश्वरका आज्ञाहरू पालन गर्दै उहाँप्रतिको तपाईंको प्रेमको प्रमाण प्रकट गर्नुहुन्छ, तब तपाईंले उहाँबाट उत्तरहरू प्राप्त गर्न सक्नुहुन्छ । कहिले काहीं, विश्वासीहरू ट्राफिक दुर्घटनामा पर्नु हुन्छ । किनभने उहाँहरूमध्ये धेरैजसोले

प्रभुको दिनलाई पवित्र राख्नुभएको हुँदैन वा सम्पूर्ण दशांस दिनुभएको हुँदैन । उहाँहरूले खीष्टियन जीवनको लागि सबैभन्दा आधारभूत नियमको रूपमा रहेको दश आज्ञा पालना नगर्नुभएकाले, उहाँहरूले परमेश्वरबाट सुरक्षा प्राप्त गर्न सक्नुहुन्न । इमान्दार भई उहाँका आज्ञाहरू पालना गर्नेहरूमध्ये पनि कोहीचाहिँ आफ्ना लापरवाहीको कारणले गर्दा दुर्घटना पर्ने गर्नुहुन्छ । यद्यपि, उहाँहरूले परमेश्वरबाट सुरक्षा पाउनुहुनेछ । यस्तो परिस्थितिमा, क्षतिग्रस्त गाडीभित्र पनि उहाँहरू सकुशल रहनु हुन्छ किनकि परमेश्वरले उहाँहरूलाई प्रेम गर्नुहुन्छ र उहाँहरूप्रति आफ्नो प्रेमको प्रमाण देखाउनु हुन्छ ।

यसबाहेक, परमेश्वरलाई नचिनेका मानिसहरूले पनि प्रार्थना ग्रहण गर्नुभएपछि छिटो चङ्गाइ प्राप्त गर्नुहुन्छ । उहाँहरू चर्चमा आउनु आफैमा एउटा विश्वासको कार्य हो र यसैकारण परमेश्वरले तिनीहरूमा काम गर्नुहुन्छ । तर, मानिसहरूमा विश्वास भएतापनि र उहाँहरूलाई सत्यता थाहा भएतापनि, यदि उहाँहरू परमेश्वरका आज्ञाहरूलाई उल्लङ्घन गरिरहनुहुन्छ र उहाँको वचनअनुसार जीवन जिउनुहुन्न भने, यसले गर्दा परमेश्वर र ती मानिसहरूबीच पर्खाल खडा हुनेछ र त्यसैले उहाँहरूले चङ्गाइ प्राप्त गर्न सक्नु हुनेछैन । समुद्रपारका बृहत् संयुक्त क्रूसेडहरूमा परमेश्वरले अविश्वासीहरूको माझमा महान् कार्य गर्नुभएको कारणचाहिँ यो हो कि, मूर्तिपूजा गर्ने मानिसहरूले क्रूसेडको खबर सुनेर त्यहाँ उपस्थित हुनुलाई नै परमेश्वरले विश्वासको कार्यको रूपमा मान्यता दिनुहुन्छ ।

छैटौं, यदि तपाईंले छर्नु भएको छैन भने, तपाईंले पश्चात्ताप गर्नुपर्दछ । गलाती ६:७ ले, "मानिसले जे रोप्तछ त्यसैको कटनी पनि गर्नेछ," भनी भनेझैं, परमेश्वरको शक्ति अनुभव गर्नको लागि सर्वप्रथम तपाईं लगनशील भई आराधना सेवामा उपस्थित हुनुपर्दछ । यदि तपाईं आफ्नो शरीरद्वारा रोप्नु हुन्छ भने, तपाईंले स्वास्थ्यको आशिष्

पाउनुहुनेछ र यदि तपाईंले आफ्नो सम्पत्तिद्वारा रोप्नु भएको छ भने, तपाईंले धनको आशिष् पाउनुहुनेछ भनी तपाईंहरूले याद राख्नु पर्दछ । तसर्थ, यदि तपाईंले नरो पीकनै कटनी गर्न चाहनु भएको थियो भने, त्यसको लागि तपाईंले पश्चात्ताप गर्नुपर्दछ ।

१ यूहन्ना १:७ ले भन्दछ, "तर उहाँ (परमेश्वर) ज्योतिमा हुनुभएझैं यदि हामी पनि ज्योतिमा हिँड्छौं भने, एउटा अर्कासित हाम्रो सङ्गति हुन्छ र उहाँका पुत्र येशूको र गतले हामीलाई सबै पापबाट शुद्ध पार्छ ।" थपअझ, "यदि हामीले आफ्ना पापहरू स्वीकार गऱ्यौं भने उहाँले हाम्रा पाप क्षमा गर्नुहुन्छ, र सबै अधर्मबाट हामीलाई शुद्ध पार्नुहुन्छ किनकि उहाँ विश्वासयोग्य र धर्मी हुनुहुन्छ" भनी परमेश्वरले १ यूहन्ना १:९ मा गर्नुभएको प्रतिज्ञालाई पक्रेर आफैलाई जाँचेर हेर्नुहोस्, पश्चात्ताप गर्नुहोस् र ज्यो तिमा हिँड्नुहोस् ।

तपाईंहरू सबैले परमेश्वरको कृपा प्राप्त गर्नुभएको होस्, सबै उत्तर र आशिष्हरू प्राप्त गर्नुभएको होस् र उहाँको शक्तिद्वारा स्वास्थ्यको आशिष् मात्र नभई जीवनका हरे क पक्षहरूमा आशिष् प्राप्त गर्नुभएको होस्, भनी म हाम्रा प्रभु येशू ख्रीष्टको नाउँमा प्रार्थना गर्दछु ।

अध्याय ९

परमेश्वरको अचूक प्रबन्ध

यी नै विधिविधान पालन गर्न भनी परमप्रभु तिमीहरूका परमेश्वरले तिमीहरूलाई आज आज्ञा दिनुहुन्छ ।

तिमीहरूले ती आफ्नो सारा हृदय र सारा प्राणले ध्यानसित पालन गर ।

परमप्रभु हाम्रा परमेश्वर हुनुहुन्छ, हामी उहाँका मार्गमा हिँड्नेछौं र उहाँका विधि, आज्ञा र विधानहरू मान्नेछौं र उहाँको वचन पालन गर्नेछौं ।

भनी तिमीहरूले आज निश्चय गरेका छौ ।

आज परमप्रभुले तिमीहरू उहाँको प्रतिज्ञाअनुसार आफ्नै प्रजा र उहाँको अमूल्य सम्पत्ति बनेका छौ र तिमीहरूले उहाँका सबै आज्ञाहरू पालन गर्नैपर्छ भनी घोषणा गर्नुभएको छ ।

तिमीहरूलाई उहाँले बनाउनुभएका सबै जातिहरूलाई भन्दा बढी प्रशंसा, सम्मान र कीर्ति दिनुहुनेछ र उहाँको प्रतिज्ञाअनुसार तिमीहरू परमप्रभु आफ्ना परमेश्वरको निम्ति एक पवित्र जाति हुनेछौ

भनी उहाँले घोषणा गर्नुभएको छ ।

(व्यवस्था २६:१६-१९)

सबैभन्दा उच्च प्रकारको प्रेम के हो भनी सोध्ने हो भने, धेरै मानिसहरूले आमाबाबुको प्रेम र त्यसमा पनि विशेषतः एउटी आमाले आफ्नो नवजात शिशुलाई गर्ने प्रेमलाई रोज्दछन् । यद्यपि, हामी यशैया ४९:१५ मा यस्तो लेखिएको पाउँदछौं, "के कुनै आमाले आफ्नो दूधेबालकलाई बिर्सन सक्छे र ? आफूले जन्माएको बालकलाई के त्यसले टिठ्याउँदिनँ र ? त्यसले बिर्सन पनि सक्छे, तर म तँ तलाईं बिर्सन सक्दिनँ ।" परमेश्वरको महान् प्रेमलाई एउटी आमाले आफ्नो नवजात शिशुलाई गर्ने प्रेमसँग तुलना समेत पनि गर्न सकिँदैन ।

सबै मानिसहरूले मुक्ति प्राप्त गर्नुका साथै, सुन्दर स्वर्गमा अनन्त जीवन, आशिष् र खुशी प्राप्त गरून् भनी प्रेमको परमेश्वर चाहनुहुन्छ । त्यसैकारण, उहाँले आफ्ना सन्तानहरूलाई परीक्षा र कष्टहरूबाट छुटकारा दिनुहुन्छ र उहाँहरूले माग्नुभएका सबै कुराहरू दिन चाहनुहुन्छ । परमेश्वरले हामी हरेकलाई यस पृथ्वीमा मात्र होइन तर पछि आउने अनन्त जीवनमा पनि आशिषित् जीवन बिताउनका लागि डोऱ्याउनुहुन्छ ।

अब, परमेश्वरले आफ्नो प्रेममा हामीलाई दिनुभएको शक्ति र भविष्यवाणीहरूद्वारा हामी मानमिन केन्द्रीय चर्चको लागि परमेश्वरले राखिदिनु भएको प्रबन्धलाई हेर्नेछौं ।

परमेश्वरको प्रेमले सबै आत्माहरूलाई बचाउन चाहनुहुन्छ

२ पत्रुस ३:३-४ मा हामी यस्तो लेखिएको पाउँदछौं :

सर्वप्रथम तिमीहरूले यो बुझ्नुपर्छ, कि पछिल्ला दिनहरूमा गिल्ला गर्नेहरू गिल्ला गर्दै, तिनीहरूका आफ्नै अभिलाषामा यसो भन्दै आउनेछन्, "उहाँका आगमनको प्रतिज्ञा कहाँ गयो ? किनकि पिता-पुर्खाहरू सुतिसकेका दिनदेखि नै सबै कुरा सृष्टिको शुरुदेखि चलिआएजस्तै आज पनि छँदैछ।"

युगको अन्तको बारेमा हामीले मानिसहरूलाई बताउँदा, धेरैजसो मानिसहरूले विश्वास गर्दैनन् । सूर्य सधैं उदाएर अस्ताउँदै आइरहेकोले, मानिसहरू सधैं जन्मिएर मर्ने भएकोले र सभ्यता विकसित हुँदै गइरहेकोले, सबै कुरा सधैं यसरी नै निरन्तर अघि बढिरहनेछ भनी मानिसहरू सोच्दछन् ।

मानिसको जीवनको शुरु र अन्त दुवै भएझैं, मानव इतिहासको पनि शुरुवातको साथै निश्चित रूपले अन्त पनि हुनेछ । परमेश्वरले चुन्नु भएको समय आएपछि, ब्रह्माण्डका सबै कुराहरूको अन्त हुनेछ । आदमको समयदेखि यता यस पृथ्वीमा जन्मिएका सबै मानिसहरूले इन्साफको सामना गर्नुपर्नेछ । यस पृथ्वीमा जिउने हरेक मानिसले आफ्नो जीवन कसरी जिएको छ, सो अनुसार ऊ पछि स्वर्ग जान्छ कि नरक जान्छ भन्ने कुरा निर्धारण हुनेछ ।

एकातिर, येशू ख्रीष्टमा विश्वास गर्ने र परमेश्वरको वचन अनुसार जिउने मानिसहरू स्वर्गमा प्रवेश गर्नु हुनेछ । अर्कोतिर, सुसमाचार सुनेर पनि विश्वास नगर्ने र प्रभुमा आफ्नो विश्वास स्वीकार गरेतापनि, परमेश्वरको वचन अनुरूप नजिईकन पाप र दुष्टतामा जिउनेहरू नरकमा जानेछन् । त्यसैकारण एउटा मात्र भएपनि बढी

आत्माले मुक्ति प्राप्त गरेको होस् भन्ने हेतुले, सकेसम्म चाँडै सुसमाचार विश्वभरि फैलाउन परमेश्वर उत्सुक हुनुहुन्छ ।

युगको अन्ततिर परमेश्वरको शक्ति फैलिएको छ

परमेश्वरले मानमिन केन्द्रीय चर्च स्थापना गर्नु र उदेकपूर्ण शक्ति प्रकट गर्नुको कारण यही हो । उहाँले आफ्नो शक्ति प्रकट गर्नुभएर, साँचो परमेश्वरको अस्तित्वको प्रमाण दिन र मानिसहरूलाई स्वर्ग र नरकको वास्तविकताबारे थाहा दिन चाहनुहुन्छ । येशूले यूहन्ना ४:४८ मा, "तिमीहरू चिन्ह र अचम्मका कामहरू नदेखेसम्म कुनै रीतिले विश्वास गर्दैनौ," भनी भन्नुभएझैं, विशेषगरी पाप र दुष्टता व्याप्त भएको र ज्ञान बढ्दै गएको अहिलेको समयमा, मानिसको सोचाइलाई चकनाचूर पारिदिने शक्तिको कार्य अझ बढी आवश्यक छ । त्यसै कारण, युगको अन्तको समयमा, परमेश्वरले मानमिनलाई अनुशासित तुल्याउनु भएर हामीलाई निरन्तर वृद्धि भइरहने शक्ति प्रदान गर्नुभएको छ ।

यसबाहेक, परमेश्वरले रच्नुभएको मानव सम्वर्द्धनको अन्त पनि नजीकै आइरहेको छ । परमेश्वरले चुन्नुभएको समय नआइपुगुन्जेल, मुक्ति प्राप्त गर्ने सम्भावना भएका सबै मानिसहरूलाई बचाउने अत्यावश्यक माध्यम शक्ति हो । केवल शक्तिद्वारा मात्र धेरै मानिसहरूलाई तीव्र गतिमा मुक्तितर्फ डोऱ्याउन सकिन्छ ।

लगातार आइरहने सतावट र कष्टको कारण संसारका कतिपय देशहरूमा सुसमाचार फैलाउन धेरै गाह्रो छ र अझै पनि सुसमाचार नसुनेका मानिसहरू धेरै छन्

। यसबाहेक, प्रभुमा विश्वास गर्छु भनी दाबी गर्ने मानिसहरूमध्ये पनि साँचो विश्वास भएका मानिसहरूको संख्या सोचेजति धेरै छैन । लूका १८:८ मा येशूले हामीलाई सो ध्नु भएको छ, "तापनि मानिसको पुत्र आउँदा के उसले पृथ्वीमा विश्वास भेट्टाउनेछ र ?" धेरै मानिसहरू चर्च धाउँछन्, तर संसारका मानिसहरू जस्तै तिनीहरू पनि पापमै जिइरहन्छन् ।

यद्यपि, इसाईहरूलाई तीव्र सतावट हुने देशहरू र क्षेत्रहरूमा समेत, एकपटक मानिसहरूले परमेश्वरको शक्तिको कार्यलाई अनुभव गरिसकेपछि, मृत्युसँग नडराउने विश्वास उन्नतावस्थामा पुग्छ र सुसमाचार ज्वालामय तवरले फैलिन थाल्दछ । साँचो विश्वास विना पापमा जीवन जिउने मानिसहरूले पनि, प्रत्यक्ष रूपमा जीवित परमेश्वरको शक्तिको कार्यलाई आफैले अनुभव गरिसकेपछि, अहिले उहाँहरूले परमे श्वरको वचन अनुसार जीवन जिउने सामर्थ्य प्राप्त गर्नुभएको छ ।

विदेशका धेरै मिशन यात्राहरूमा, म कानुनी रूपमा सुसमाचार प्रचार गर्न र मानिसहरूलाई प्रभुमा ल्याउन निषेध गरिएको र चर्चहरूलाई खेदो गर्ने देशहरूमा गएको छु । पाकिस्तान र संयुक्त अरब इमिरेट्स जस्ता इस्लाम धर्म फैलिएका देशहरू र हिन्दू धर्मको वर्चस्व रहेको देश भारतमा पनि, येशू ख्रीष्टको साक्षी दिइँदा र मानिसहरूले जीवित परमेश्वरलाई विश्वास गर्न सक्ने प्रमाणहरू प्रकट गरिँदा, असंख्य मानिसहरूले विश्वास गर्नुभएर मुक्ति प्राप्त गर्नुभएको मैले प्रत्यक्ष रूपमा देखेको छु । उहाँहरूले मूर्तिहरूको पूजा गर्नु भएतापनि, एकपटक परमेश्वरको शक्तिको कार्य अनुभव गरिसकेपछि, उहाँहरू कानूनी परिणामको डर नमानी येशू ख्रीष्टलाई ग्रहण गर्नुहुन्छ । यसले परमेश्वरको शक्तिको परिणामलाई स्पष्टसित पुष्टि गर्दछ ।

किसानले कटनीको समयमा आफ्नो फसल बटुलेझैं, परमेश्वरले पनि अन्तका दिनहरूमा मुक्ति प्राप्त गर्ने आत्माहरू बटुल्नको लागि यस्तो उदेकपूर्ण शक्ति प्रकट गर्नुहुन्छ ।

बाइबलमा उल्लेख गरिएका युगको अन्तका चिन्हहरू

बाइबलमा उल्लेख गरिएको परमेश्वरको वचनद्वारा पनि, हामी अहिले बाँचिरहेको समय युगको अन्ततिरको समय हो भनी हामी भन्न सक्छौं । परमेश्वरले हामीलाई युगको अन्तको वास्तविक गिति र समय तोकेर नदिनु भएतापनि, उहाँले हामीलाई युगको अन्ततिर देखिने संकेतहरूका बारेमा बताउनुभएको छ । जसरी हामी बादलहरू आकाशमा जम्मा हुँदा वर्षा हुनेछ भनी अनुमान गर्न सक्छौं, त्यसरी नै इतिहासदेखि हुँदै आएका कुराहरू देखेर बाइबलमा उल्लेखित चिन्हहरूको सहायतामा हामी अन्तका दिनहरू नजीकै छन् भनी थाहा पाउन सक्छौं ।

उदाहरणको लागि लूका २१ अध्यायमा हामी यस्तो पाउँदछौं, “तिमीहरूले जब युद्धहरू र खैलाबैलाका कुराहरू सुन्नेछौ तब भयभीत नहोओ, किनभने पहिले यी घटनाहरू हुनैपर्छ, तर अन्त्यचाहिँ तुरुन्तै हुनेछैन” (पद ९) अनि, “भयङ्कर भूकम्पहरू हुनेछन् । विभिन्न ठाउँहरूमा अनिकाल र महामारी हुनेछन्, भयङ्कर आतङ्क हुनेछन्, अनि आकाशबाट ठूला-ठूला चिन्हहरू हुनेछन्” (पद ११) ।

२ तिमोथी ३:१-५ मा यसरी उल्लेख गरिएको छ :

तर यो बुझिराख कि आखिरी दिनहरूमा डरलाग्दा समयहरू आउनेछन् । किनभने मानिसहरू आफैलाई मात्र माया गर्ने, रुपियाँपैसाको मोह गर्ने, घमण्डी, हठी, अरूको बदनाम गर्ने, आमा-बाबुको आज्ञापालन नगर्ने, बैगुनी र अपवित्र, स्वभाविक प्रेमरहितका, खुशी पार्न नसकिने, अरूको बदख्वाइँ गर्ने, दुराचारी, क्रूर, असल कुरालाई घृणा गर्ने, विश्वासघाती, उत्ताउला, अहङ्कारले फुलेका, परमेश्वरलाई भन्दा सुख-विलासलाई प्रेम गर्ने, भक्तिको भेषचाहिँ लिने, तर त्यसको शक्तिलाई इन्कार गर्ने हुनेछन् । यस्ता मानिसहरूबाट अलग्ग बस ।

संसारभरि नै विभिन्न प्रकारका विपत्तिहरू र चिन्हहरू देखा परिरहेका छन् र मानिसहरूको हृदय र सोचाइ पनि अझ बढी दुष्ट बन्दै गइरहेको छ । हरेक हप्ता, म त्यस्ता घटना र दुर्घटनाहरूका समाचारहरू सुन्छु र तिनको संख्या झनै वृद्धि भइरहेको छ । यसको अर्थ, संसारमा धेरै विपत्तिहरू, संकष्टहरू र दुष्ट कार्यहरू भइरहेका छन् ।

यद्यपि, मानिसहरू यस्ता घटनाहरू र दुर्घटनाहरूप्रति पहिले जस्तो संवेदनशील छैनन् । नियमित रूपमा नै यस्ता घटनाहरू र दुर्घटनाहरूका समाचारहरू सुन्दा र देख्दा, ती कुराहरूले तिनीहरूलाई असर गर्न छोडिसकेको छ । धेरैले अब यस्ता क्रूर अपराधहरू, ठूला युद्धहरू, प्राकृतिक प्रकोपहरू र अत्याचार अनि विपत्तिहरूले निम्त्याउने पीडालाई गम्भीरतापूर्वक लिन छोडिसकेका छन् । यी घटनाहरू आमसञ्चार जगत्मा मुख्य समाचारका विषय वस्तुहरू बनिरहेका हुन्छन् । तापनि, यस्ता कुराहरूले तिनीहरूलाई हृदयको गहिराइमा नछोएसम्म वा तिनीहरू आफैले चिनेका मानिसहरू ती घटनाहरूमा नपरेसम्म, अधिकांश मानिसहरूले त्यस्ता

घटनाहरूलाई महत्व दिँदैनन् र चाँडै बिर्सिहाल्दछन् ।

इतिहासदेखि नै हुँदै आइरहेका कुराहरूलाई देख्दा, जागा रहने र परमेश्वरसँग स्पष्ट रूपमा सञ्चार गर्ने मानिसहरू प्रभुको आगमन नजीकै छ भन्ने कुरामा एकमत हुनुहुन्छ ।

युगको अन्तका भविष्यवाणीहरू र मानमिन केन्द्रीय चर्चको निम्ति रहेको परमेश्वरको प्रबन्ध

मानमिनमा प्रकट गरिएका परमेश्वरका अगमवाणीहरूद्वारा, वास्तवमै युगको अन्त नजीकै छ भनी हामी भन्न सक्छौं । मानमिन स्थापना भएदेखि आजको दिनसम्म, परमेश्वरले राष्ट्रपतीय र संसदीय चुनावहरूका नतिजाहरू, कोरिया र विदेश दुवैमा रहेका महत्वपूर्ण र चिरपरिचित मानिसहरूको मृत्यु र विश्वको इतिहासलाई नयाँ मोड दिने अन्य थुप्रै घटनाहरूका बारेमा अघिबाटै अगमवाणी दिनुभएको छ ।

धेरै पटक मैले चर्चका साप्ताहिक बुलेटिनहरूमा यस्ता कुराहरूको सांकेतिक जानकारीहरू उल्लेख गरेको छु । अत्यन्तै संवेदनशील कुराहरूको रहस्योद्घाटन मैले थोरै मानिसहरूमाझ मात्रै गर्ने गरेको छु । हालैका वर्षहरूमा, मैले पटकपटक पुल्पिटबाटै उत्तर कोरिया, संयुक्त राज्य अमेरिका र विश्वव्यापी रूपमा हुन आउने घटनाहरूका प्रकाशहरूको बारेमा घोषणा गरेको छु ।

अगमवाणी गरिएका ती अधिकांश भविष्यवाणीहरू पूरा भएका छन् र पूरा हुन बाँकी रहेका भविष्यवाणीहरूसित सम्बन्धित घटनाहरू हाल भइरहेका छन् वा हुन

बाँकी नै छन् । यहाँ उल्लेखनीय तथ्य के हो भने, हुन बाँकी रहेका अधिकांश घटनाहरूका भविष्यवाणीहरू अन्तको दिनसित सम्बन्धित छन् । ती मध्ये केही मानमिन केन्द्रीय चर्चको निम्ति रहेको परमेश्वरका प्रबन्धहरू हुन्, जसलाई हामी यहाँ उदाहरण स्वरूप हेर्नेछौं ।

पहिलो भविष्यवाणी उत्तर र दक्षिण कोरियाबीचको आपसी सम्बन्धसित सम्बन्धित छ ।

मानमिन स्थापना भएदेखि यता, परमेश्वरले मानमिनलाई उत्तर कोरियाको बारेमा धेरै कुराहरू प्रकट गरिदिनुभएको छ । हामीले अन्तका दिनहरूमा उत्तर कोरियामा सुसमाचार प्रचार गर्नुपर्ने कारणले गर्दा यसो भएको हो। सन् १९८३ सालमा, परमेश्वर ले हामीलाई उत्तर कोरिया र दक्षिण कोरियाका नेताहरूबीच एक शिखर सम्मेलन हुनेछ र त्यसपछिका परिणामहरू कस्ता हुनेछन् भन्ने बारेमा बताउनुभयो । शिखर सम्मेलनपछि चाँडै नै, उत्तर कोरियाले केही समयको लागि आफ्ना ढोकाहरू विश्वको लागि खोल्नेछ, तर छिटै फेरि ती ढोकाहरू बन्द गर्नेछ भनी उहाँले बताउनुभयो । उत्तर कोरियाले ढोकाहरू खोलेपछि पवित्रताको सुसमाचार र परमेश्वरको शक्ति त्यस देशमा प्रवेश गर्नेछ र सुसमाचार प्रचार हुन थाल्नेछ भनी परमेश्वरले हामीलाई भन्नुभएको छ । उत्तर र दक्षिण कोरिया दुवैले निश्चित तवरले आफूलाई व्यक्त गर्दा प्रभुको आगमन एकदमै निकट छ भनेर स्मरण गर्नू भनी परमेश्वरले हामीलाई निदे शन दिनुभएको छ । दुवै कोरियाले "निश्चित तवरले आफूलाई व्यक्त" गर्ने तरिका गो प्य राख्नू भनी परमेश्वरले भन्नुभएकोले, यस बारे म थप जानकारी दिन सक्दिनँ ।

दुवै कोरियाहरूका नेताहरूबीच सन् २००० सालमा एक शिखर सम्मेलन भएको कुरा तपाईंहरूमध्ये धेरैजसोलाई थाहा छ । अन्तर्राष्ट्रिय दबाबको कारण उत्तर कोरियाले चाँडै नै आफ्नो ढोका खोल्नेछ भनी सम्भवतः तपाईंहरूले महसुस गर्नुभएको हुनुपर्छ ।

दोस्रो भविष्यवाणी, विश्व मिशनको बोलावटसित सम्बन्धित छ ।

परमेश्वरले मानमिनका लागि थुप्रै समुद्रपारका क्रूसेडहरू तयार गरिदिनुभएको छ, जसमा हजारौं, लाखौं र करोडौं मानिसहरू भेला भएका छन् र उहाँको उदेकपूर्ण शक्तिद्वारा सम्पूर्ण विश्वभरि सुसमाचार प्रचार गर्ने आशिष् उहाँले हामीलाई दिनुभएको छ । ती मध्ये केही क्रूसेडहरू निम्नि प्रकारका छन् : युगान्डाको पवित्र सुसमाचार क्रूसेड, जसको खबर केबल न्यूज नेटवर्क (सी.एन.एन) द्वारा अन्तर्राष्ट्रिय रूपमा प्रसारण गरिएको थियो ; त्यस्तै पाकिस्तानको चंगाइ क्रूसेड, जसले इस्लामिक जगतमा हलचल मच्चाएको थियो र मध्यपूर्व क्षेत्रमा मिशेनरी कार्यको लागि ढोका खोलिदिएको थियो ; केन्याको पवित्र सुसमाचार क्रूसेड, जसमा एड्स लगायतका धेरै रोगहरू निको भएका छन् ; फिलिपिन्सको संयुक्त चंगाइ क्रूसेड, जसमा परमेश्वरको शक्ति विष्फोटमय तवरले प्रकट भएको थियो ; होन्डुरसमा आयोजित आश्चर्यजनक चंगाइ क्रूसेड जसले पवित्र आत्माको आँधी ल्याएको थियो ; र संसारभरि नै सबैभन्दा बढी हिन्दू धर्मावलम्बीहरू रहेको भारतमा आयोजित आश्चर्यजनक चंगाइ प्रार्थना महोत्सव क्रूसेड, जसमा ४ दिने क्रूसेडको अवधिभरि ३० लाख भन्दा बढी मानिसहरू भेला भएका थिए । यी सबै क्रूसेडहरूले आधारभूत खुड्किलाहरूको काम गरेका छन्

जसद्वारा मानमिन आफ्नो अन्तिम गन्तव्य इस्राएलमा प्रवेश गर्न सकेको छ ।

मानवजातिको सम्वर्द्धनको लागि परमेश्वरले रच्नुभएको उहाँको महान् योजना अन्तर्गत, परमेश्वरले आदम र हव्वालाई सृष्टि गर्नुभयो र त्यसपछि पृथ्वीमा जीवन शुरु भयो, मानिसजातिको वृद्धि हुन थाल्यो । धेरै मानिसहरूमध्ये परमेश्वरले एउटा राष्ट्र, इस्राएल, याकूबका सन्तानहरूलाई छान्नुभयो । इस्राएलीहरूको इतिहासद्वारा, परमेश्वरले आफ्नो महिमा र मानवजातिको सम्वर्द्धनको प्रबन्ध केवल इस्राएलीहरूमाझ मात्र नभएर संसारका सबै मानिसहरूमाझ पनि प्रकट गर्न चाहनुभयो । तसर्थ, इस्राएलका मानिसहरू मानवजातिको सम्वर्द्धनको एक नमूनाको रूपमा रहेका छन्, र परमेश्वर स्वयम्ले अगुवाइ गरिरहनु भएको इस्राएलको इतिहास, केवल एउटा राष्ट्रको इतिहास मात्र नभएर सबै मानिसहरूका लागि उहाँले दिनुभएको सन्देश हो । थपअझ, आदमबाट शुरु भएको मानवजातिको सम्वर्द्धनलाई पूरा गर्नु अघि, सुसमाचारको उद्गमस्थल इस्राएलमा नै सुसमाचार पुनः फर्किएको परमेश्वर चाहनुहुन्छ । तापनि, इस्राएलमा कुनै इसाई समारोह आयोजना गर्न र सुसमाचार फैलाउन अत्यन्तै कठिन छ । इस्राएलमा स्वर्ग र पृथ्वीलाई हल्लाउन सक्ने परमेश्वरको शक्तिको खाँचो छ र परमेश्वरको प्रबन्धको यो भागलाई पूरा गर्नु नै अन्तको दिनहरूका लागि मानमिनको निम्ति तोकिएको बोलावट हो ।

येशू ख्रीष्टद्वारा परमेश्वरले मानवजातिको मुक्तिको प्रबन्धलाई पूरा गर्नुभएको छ, र येशूलाई आफ्नो मुक्तिदाताको रूपमा ग्रहण गर्ने सबैलाई अनन्त जीवन प्राप्त गर्ने अवसर उहाँले दिनुभएको छ । तरैपनि, परमेश्वरले चुन्नुभएको इस्राएलका मानिसहरूले, येशूलाई मसीहको रूपमा स्वीकार गरेनन् । यसका अलावा, उहाँका

सन्तानहरू माथि आकाशमा उठाई लगिने क्षणसम्म पनि, इस्राएलका मानिसहरूले येशू ख्रीष्टद्वारा प्राप्त हुने उद्धारको प्रबन्धलाई बुझेका हुने छैनन् ।

अन्तका दिनहरूमा, इस्राएलका मानिसहरूले पश्चात्ताप गरी येशूलाई आफ्नो मुक्तिदाताको रूपमा ग्रहण गरेर मुक्ति पाएको परमेश्वर चाहनुहुन्छ । त्यसकारण, परमेश्वरले मानमिनलाई दिनुभएको महान् बोलावटद्वारा पवित्रताको सुसमाचार इस्राएलमा प्रवेश गरेर फैलिन उहाँले अनुमति दिनुभएको छ । सन् २००३ साल अप्रिल महिनामा मध्यपूर्वी क्षेत्रमा मिशेनरी कार्यको लागि एक महत्वपूर्ण खुड्किलो स्थापित भइसकेको हुनाले, परमेश्वरको इच्छानुरूप मानमिनले इस्राएलको निम्ति विशेष तयारीहरू गर्नेछ र परमेश्वरको प्रबन्धलाई पूरा गर्नेछ ।

तेस्रो भविष्यवाणी, विशाल पवित्र भवनको निर्माणसँग सम्बन्धित छ ।

मानमिनको स्थापना लगत्तै, परमेश्वरले अन्तका दिनहरूको लागि उहाँको प्रबन्ध प्रकट गर्नुहुँदा, परमेश्वरले हामीलाई विशाल पवित्र भवनको निर्माण गर्ने बोलावट दिनुभयो, जुन भवनले विश्वका सबै मानिसहरू माझ परमेश्वरको महिमालाई प्रकट गर्नेछ ।

पुरानो करारको समयमा, कामद्वारा मुक्ति प्राप्त गर्न सम्भव थियो । कसैको हृदयभित्रको पाप त्याग्न बाँकी भएतापनि, त्यो पाप बाहिर प्रकट नभएसम्म, जो कोही पनि बचाइन सक्थ्यो । पुरानो नियमको समयमा भएको मन्दिर, व्यवस्थाअनुसार मानिसहरूले केवल कार्यद्वारा परमेश्वरको उपासना गर्ने मन्दिर थियो ।

तर, नयाँ करारको समयमा, येशू आउनुभयो र उहाँले प्रेमका साथ व्यवस्था पूरा गर्नुभयो, र येशू ख्रीष्टमा विश्वास गरेर हामीले मुक्ति प्राप्त गरेका छौं । नयाँ करारको समयमा परमेश्वरले चाहनुभएको मन्दिर केवल कार्यद्वारा मात्र नभई हृदयदेखि पनि निर्माण गरिनेछ । त्यो मन्दिर, पापलाई त्यागनुभएका परमेश्वरका साँचो सन्तानहरूले उहाँप्रतिको प्रेमका साथ पवित्र हृदयले निर्माण गर्नु हुनेछ । त्यसकारण परमेश्वरले पुर ानो करारको मन्दिरलाई नष्ट हुन दिनुभयो र साँचो आत्मिक महत्वको एक नयाँ मन्दिर उहाँले निर्माण गर्न चाहनुभएको छ ।

तसर्थ, विशाल पवित्र भवन निर्माण गर्ने मानिसहरू परमेश्वरको नजरमा योग्य ठहरिनु भएका मानिसहरू हुनुपर्दछ । उहाँहरू आफ्नो हृदय खतना गर्नुभएका, पवित्र र शुद्ध हृदय हुनुभएका र विश्वास, आशा अनि प्रेमले भरिनुभएका परमेश्वरका सन्तानहरू हुनुपर्दछ । आफ्ना पवित्र छोराछोरीहरूद्वारा निर्मित विशाल पवित्र भवनलाई जब परमेश्वरले देख्नु हुन्छ, तब उहाँ त्यो भवनको केवल बाहिरी स्वरूपबाट मात्र सन्तुष्ट हुनुहुने छैन, तर उहाँले त्यो पवित्र भवनको निर्माण प्रक्रियालाई स्मरण गर्नुहुनेछ र आफ्नो आँसु, बलिदान र धैर्यका फलहरूको रूपमा तयार भएका आफ्नो हरेक साँचो सन्तानलाई उहाँले सम्झनु हुनेछ ।

विशाल पवित्र भवनमा एउटा गहिरो अर्थ रहेको छ । यसले मानव सम्वर्द्धनको स्मारकको रूपमा र राम्रो फसल कटनी गरिसक्नु भएपछि परमेश्वरलाई सान्त्वना दिने एउटा प्रतीकको रूपमा कार्य गर्नेछ । यो भवन अन्तका दिनहरूमा निर्माण हुनेछ, किनकि यो यस्तो स्मारक भवनको निर्माण परियोजना हो जसले सारा संसारभरका

मानिसहरूमाभ्रु परमेश्वरको महिमालाई प्रकट गर्नेछ । व्यासमा ६०० मिटर (करिब १९७० फिट) र उचाइमा ७० मिटर (२३० फिट) अग्लो रहने विशाल पवित्र भवन, सबै प्रकारका सुन्दर, दुर्लभ र बहुमूल्य सामाग्रीहरूद्वारा निर्माण हुनेछ र यसको संरचनाका प्रत्येक टुक्रा र सजावटमा नयाँ यरूशलेमको महिमा, ६-दिने सृष्टिको भ्रुलक र परमेश्वरको शक्ति जडिएको हुनेछ । विशाल पवित्र भवनलाई हेर्दा मात्रै पनि मानिसहरूले परमेश्वरको महिमा र वैभवलाई महसुस गर्नेछन् । अविश्वासीहरू पनि यसलाई देखेर छक्क पर्नेछन् र उहाँको महिमाको कदर गर्नेछन् ।

अन्त्यमा, विशाल पवित्र भवनको निर्माण एक जहाजको तयारी हो, जसमा आएर अनगिन्ती आत्माहरूले मुक्ति प्राप्त गर्नु हुनेछ । नोआको समयमाभ्रैं, पाप र दुष्टता व्याप्त भएको अन्तका दिनहरूमा, जब परमेश्वरको दृष्टिमा योग्य ठहरिनुभएका उहाँका सन्तानहरूद्वारा डोऱ्याइएका मानिसहरू विशाल पवित्र भवनमा आउनुभएर परमेश्वरमा विश्वास गर्नुहुन्छ, तब उहाँहरूले मुक्ति प्राप्त गर्नु हुनेछ । यसका अलावा, मानिसहरूले परमेश्वरको महिमा र शक्तिको बारेमा खबरहरू सुन्नु हुनेछ र आफै आएर हेर्नु हुनेछ । उहाँहरू आउनुहुँदा, परमेश्वरका अनगिन्ती प्रमाणहरू प्रकट गरिनेछन् । उहाँहरूलाई आत्मिक राज्यका रहस्यहरू पनि सिकाइनेछ र आफ्नै स्वरूपसित समरूप साँचो सन्तानहरू प्राप्त गर्न चाहनुहुने परमेश्वरको इच्छा उहाँहरूलाई अवगत गराइनेछ ।

विशाल पवित्र भवनले हाम्रो प्रभुको आगमनभन्दा अघि विश्वव्यापी रूपमा प्रचार हुने सुसमाचारको अन्तिम चरणको केन्द्रको रूपमा कार्य गर्नेछ । यसबाहेक, विशाल

पवित्र भवन निर्माण हुने समय शुरु हुँदा, उहाँले राजाहरू र धन र शक्ति भएका व्यक्तिहरूलाई निर्माण कार्यमा मद्दत गर्नको लागि अगुवाइ गर्नु हुनेछ भनी परमेश्वरले मानमिनलाई बताउनुभएको छ।

मानमिनको स्थापनाकालदेखि नै, परमेश्वरले अन्तको दिनहरूका बारेका अगमवाणीहरू र मानमिन केन्द्रीय चर्चको निम्ति रहेको उहाँको प्रबन्धलाई प्रकट गर्नुभएको छ। आजसम्म पनि, उहाँले आफ्नो बढ्दो शक्ति प्रकट हुन दिइरहनुभएको छ र आफ्नो वचनलाई पूरा गरिरहनुभएको छ। यस चर्चको इतिहासभरि नै, परमेश्वर स्वयम्ले उहाँको प्रबन्ध पूरा गर्नका लागि मानमिनलाई अगुवाइ गरिरहनु भएको छ। थपअझ, प्रभुको आगमनको क्षणसम्म, उहाँले हामीलाई जिम्मा दिनुभएका सबै कार्यहरू पूरा गर्न र विश्वभरि प्रभुको महिमालाई प्रकट गर्न उहाँले हामीलाई अगुवाइ गर्नु हुनेछ।

यूहन्ना १४:११ मा येशूले हामीलाई यसो भन्नुभएको छ, "मलाई विश्वास गर, कि म पितामा छु, र पिता म मा हुनुहुन्छ। नत्र भने यी कामहरूकै खातिर विश्वास गर।" व्यवस्था १८:२२ मा हामी यस्तो पाउँदछौं, "कुनै अगमवक्ताले परमप्रभुको नाउँमा बोलेको कुरा पूरा भएन वा सत्य ठहरेन भने, त्यो परमप्रभुले भन्नुभएको वचन होइन। सो त्यही अगमवक्ताको मनगढन्त कुरा हो। तिमीहरू त्यसदेखि नडराउनू।" म आशा गर्दछु, तपाईंहरूले मानमिन केन्द्रीय चर्चमा प्रकट भएको शक्ति र यहाँ दिइएका भविष्यवाणीहरूद्वारा परमेश्वरको प्रबन्धलाई बुझ्नु हुनेछ।

अन्तका दिनहरूमा मानमिन केन्द्रीय चर्चद्वारा आफ्नो प्रबन्धलाई पूरा गर्न, परमेश्वरले यो चर्चलाई एकै रातमा जागृति र शक्ति दिनुभएको होइन। उहाँले हामीलाई

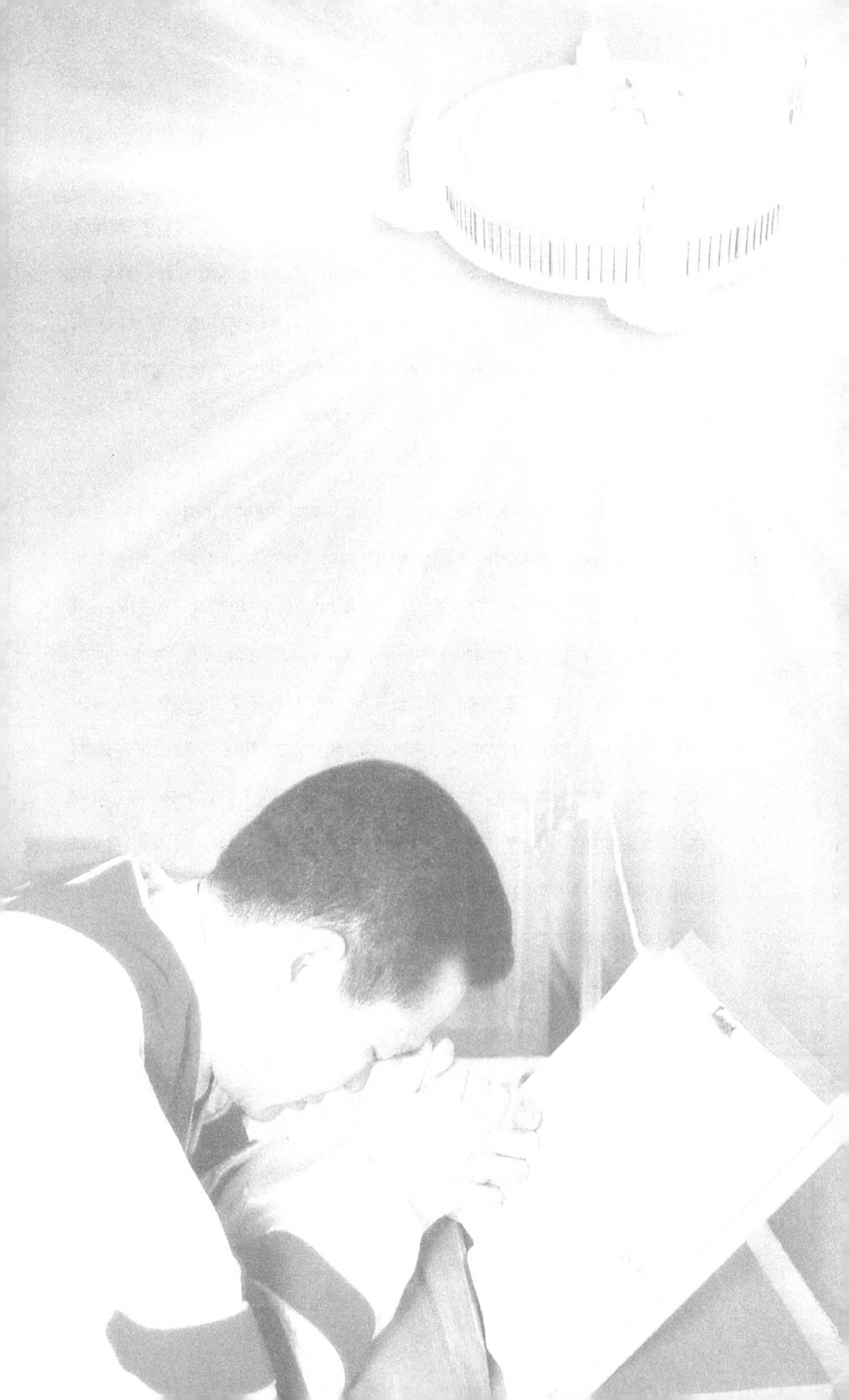

बीस वर्षभन्दा बढी समससम्म प्रशिक्षण दिनुभएको छ। अग्लो र ठाडो पहाड चढेझैं र अशान्त समुद्रमा आँधीबेहरीले ल्याएका छालहरूमाझ नौकालाई अघि बढाए जस्तै गर ी, उहाँले हामीलाई बारम्बार संकष्ट र परीक्षाहरूबाट गुज्रन दिनुभएको छ र आफ्नो दृढ विश्वासका साथ ती परीक्षाहरूमाथि विजयी भएका मानिसहरूलाई उहाँले विश्व मिशन पूरा गर्न सक्ने भाँडाहरूको रूपमा तयार पार्नुभएको छ।

यो कुरा तपाईंहरू हरेकमा पनि लागू हुन्छ। नयाँ यरूशलेम प्रवेश गर्न सक्ने विश्वास एकै रातमा विकसित वा वृद्धि हुँदैन ; तपाई सधैं जागा रहनु पर्दछ र हाम्रा प्रभुको आगमनको लागि तयारी गर्नु पर्दछ। सबैभन्दा महत्वपूर्ण कुरा, पापका सबै पर्खालहरू नष्ट गर्नुहोस् र अपरिवर्तनीय अनि प्रबल विश्वासका साथ स्वर्गतिर अघि बढ्नुहोस्। जब, तपाईं यस प्रकारको दृढ संकल्पका साथ अघि बढ्नुहुन्छ, तब परमे श्वरले निश्चय नै तपाईंको प्राणको उन्नति हुने आशिष् दिनुहुनेछ र तपाईको हृदयका इच्छाहरूको उत्तर दिनुहुनेछ। यसबाहेक, परमेश्वरले तपाईंलाई आत्मिक सामर्थ्य र अख्तियार दिनुहुनेछ, जसद्वारा तपाई आखिरी दिनहरूमा उहाँको प्रबन्धको लागि उहाँको अनमोल भाँडोको रूपमा प्रयोग गरिन सक्नुहुन्छ।

प्रभुको आगमन नहुञ्जेलसम्म तपाईंहरू हरेक आफ्नो उत्साहपूर्ण विश्वासमा दृढ र हनु भएर अनन्त स्वर्गमा र नयाँ यरूशलेम शहरमा प्रवेश गर्नुभएको होस् भनी म हाम्रो प्रभु येशू ख्रीष्टको नाउँमा प्रार्थना गर्दछु।

लेखकः

डा. जेरक ली

डा. जेरक ली सन् १९४३ मा गणतन्त्र कोरियाको, जियोन्नाम प्रान्तको मुआनमा जन्मिनुभएको थियो । उहाँको जीवनको बीसौं वर्षहरूमा, डा. लीले सात वर्षसम्म विभिन्न प्रकारका रोगहरूबाट पीडित भई निको हुने कुनै आशा विना मृत्युलाई पर्खिरहनु भएको थियो । तापनि एक दिन सन् १९७४ को वसन्ततिर उहाँ आफ्नी दिदीद्वारा चर्चमा डोऱ्याइनु भयो र प्रार्थना गर्नको लागि उहाँले घुँडा टेक्नु हुँदा जीवित परमेश्वरले उहाँलाई त्यतिखेर नै उहाँका सबै रोगहरूबाट चङ्गाइ दिनु भयो ।

त्यस आश्चर्यजनक अनुभवद्वारा जीवित परमेश्वरलाई भेट्नु भएको समयदेखि नै डा. लीले आफ्नो सम्पूर्ण हृदय र इमान्दारिताका साथ परमेश्वरलाई प्रेम गर्नु भयो र १९७८ मा उहाँले परमेश्वरको दास हुने बोलावट पाउनु भयो । उहाँले परमेश्वरको इच्छालाई स्पष्टसँग बुझ्न, र परमेश्वरको वचनलाई पूर्ण रूपमा आज्ञापालन गर्नको निम्ति कयौं उपवासका प्रार्थनाहरूका साथमा हार्दिकताका साथ प्रार्थना गर्नु भयो । उहाँले सन् १९८२ मा कोरियाको सियोल शहरमा मानमिन केन्द्रीय चर्च स्थापना गर्नु भयो, र त्यस बेलादेखि उहाँको चर्चमा आश्चर्यजनक चङ्गाईहरू, चिन्ह र आश्चर्यकर्महरू लगायत परमेश्वरका असंख्य कार्यहरू भइरहेका छन् ।

सन् १९८६ मा डा. ली कोरियाको जिजस सुङकिल चर्चको वार्षिक सभामा पास्टरको रूपमा अभिषेक गरिनुभएको थियो र त्यसको चार वर्षपछि १९९० मा, उहाँका वचनहरू अष्ट्रेलिया, रुस र फिलिपिन्समा प्रसारण हुन थाल्यो । छोटो समयको अवधिमा नै फार ईष्ट प्रसारण कम्पनी, एशिया प्रसारण केन्द्र र वासिङ्गटन ख्रीष्टियन रेडियो सिस्टमद्वारा अझ बढी देशहरूमा यो फैलिदैं गयो ।

यसको तीन वर्षपछि, १९९३ मा क्रिश्चियन वर्ल्ड म्यागेजिनले मानमिन केन्द्रीय चर्चलाई "विश्वका उत्कृष्ट ५० चर्चहरू" मा चयन गरेको थियो र उहाँले संयुक्त राज्य अमेरिकाको फ्लोरिडा राज्यको ख्रीष्टियन फेथ कलेजबाट ईश्वरशास्त्रमा सम्मानार्थ विद्यावारिधी उपाधि प्राप्त गर्नु भयो, र १९९६ मा उहाँले संयुक्त राज्य अमेरिकाको आयोवा राज्यको किङ्गस् वे थियोलोजिकल सेमिनारीबाट सेवकाइमा विद्यावारिधी उपाधि हासिल गर्नु भयो ।

१९९३ देखि डा. लीले तान्जेनिया, अर्जेन्टिना, संयुक्त राज्य अमेरिकाको लस एन्जलस्, वाल्टीमोर सिटी, हवाई र न्यूयोर्क शहर, युगाण्डा, जापान, पाकिस्तान, केन्या, फिलिपिन्स, होण्डुरस्, भारत, रुस, जर्मनी, पेरु, प्रजातान्त्रिक गणतन्त्र कङ्गो, इस्राएल र एस्तोनिया जस्ता

विभिन्न देशहरूमा आयोजित थ ुपै समुद्र पारका क्रूसेडहरूद्वारा विश्वभरि सुसमाचारीय कार्यमा अग ुवाइ गरिरहन ु भएको छ । सन् २००२ मा उहाँको शक्तिशाली सेवकाइ र समुद्रपारका विभिन्न क्रूसेडहरूका कारण उहाँलाई कोरियाका प्रमुख ख्रीष्टियन पत्रपत्रिकाहरूले "विश्वव्यापी पास्टर" को नाम दिएका थिए ।

सन् २०१० को सेप्टेम्बर महिना सम्ममा, मानमिन केन्द्रीय चर्चमा विश्वासीहरूको संख्या १,००,००० भन्दा बढी प ुगेको छ । घरेल ु शाखा चर्चहरू लगायत विश्वभरि यस चर्चका ९,००० शाखा चर्चहरू रहेका छन् र संय ुक्त राज्य अमेरिका, रुस, जर्मनी, क्यानडा, जापान, चीन, फ्रान्स, भारत, केन्या, र अरू थ ुपै देशहरू गरी २३ वटा देशहरूमा १३२ जना मिशनरीहरू पठाइएका छन् ।

यस प ुस्तकको प्रकाशनको मितिसम्ममा डा.लीले ६० वटा प ुस्तकहरू लेखिसक्न ु भएको छ, जसमा, मृत्य ुअघि अनन्त जीवनको स्वाद, मेरो जीवन मेरो विश्वास भाग १ र २, क्रूसको सन्देश, विश्वासको नाप, स्वर्ग भाग १ र २, नरक, जाग इस्राएल !, र परमेश्वरको शक्ति सर्वाधिक बिक्री भएका प ुस्तकहरूमा पर्दछन् । उहाँका प ुस्तकहरू ४४ वटा भन्दा बढी भाषाहरूमा अन ुवाद गरिएका छन् ।

हानक ूक ईल्बो, ज ूङ्गआङ्ग डेली, चोस ून ईल्बो, डोङ्ग-ए ईल्बो, म ूनह्वा ईल्बो, सियोल सिन्म ुन, क्योङ्गयाङ्ग सिन्म ुन, हान्क्योरे सिन्म ुन, कोरिया इकोनोमिक डेली, कोरिया हेरल्ड, शिसा न्य ूज र क्रिश्चियन प्रेस गरी विभिन्न पत्रपत्रिकाहरूमा उहाँका क्रिश्चियन लेखहरू छापिन्छन् ।

डा. ली हाल थ ुपै मिशिनेरी संस्था तथा संगठनहरूको अग ुवा ह ुन ुह ुन्छ । उहाँका पदहरू यस प्रकार छन्;, य ूनाइटेड होलिनेस चर्च अफ जीजस क्राइस्ट-अध्यक्ष ; मानमिन वर्ल्ड मिशन-अध्यक्ष ; विश्व इसाई जागृती मिशन संगठन-स्थायी अध्यक्ष ; ग्लोबल क्रिश्चियन नेटवर्क (जी.सी.एन)-संस्थापक तथा संचालक समितिका अध्यक्ष ; विश्व इसाई चिकित्सकीय संजाल (डब्ल ू.सी.डी.एन्)-संस्थापक तथा संचालक समितिका अध्यक्ष ; र

मानमिन अन्तर्राष्ट्रिय सेमिनारी (एम.आई.एस)-संस्थापक तथा संचालक समितिका अध्यक्ष ।

www.ingramcontent.com/pod-product-compliance
Lightning Source LLC
LaVergne TN
LVHW101919220826
846093LV00009B/311

* 9 7 9 1 1 2 6 3 1 0 2 6 5 *